छोटे सूत्र - बड़े प्रभाव

सफल और सार्थक जीवन के 50 सिद्धान्त

भाग 2

डॉ मुकेश अग्रवाल

अनुक्रम

भाग 9: चेतना, ध्यान और आत्मिक उन्नति

भाग 10: ब्रह्मांड, अस्तित्व और अंतिम सत्य

मन की बात

कभी-कभी जीवन के सबसे बड़े प्रश्नों का उत्तर एक छोटे से सूत्र में छिपा होता है। एक ऐसा सूत्र जो हमारे सोचने के ढंग को बदल सकता है, हमारे निर्णयों को दिशा दे सकता है, हमारी असफलताओं को नई दृष्टि दे सकता है, और हमारे अस्तित्व को ब्रह्मांडीय समझ से जोड़ सकता है। यह पुस्तक भाग 1 का ही विस्तार है — छोटे सूत्र, बड़े प्रभाव।

भाग 2 में, हम विचार की उन परतों में उतरते हैं जहाँ तर्क, दर्शन, विज्ञान, समाजशास्त्र और अध्यात्म आपस में गहराई से जुड़े हुए हैं। यह वह यात्रा है जहाँ सोचना एक कला बन जाता है और निर्णय लेना एक विज्ञान।

अनुभाग 6: सोच की संरचना और निर्णय की कला में आप सीखेंगे कि कैसे First Principles Thinking से किसी भी समस्या की जड़ तक पहुँचा जा सकता है, कैसे Second-Order Thinking से भविष्य के प्रभावों को समझा जा सकता है, और कैसे Feynman Technique से जटिल विचारों को भी सरलता से आत्मसात किया जा सकता है।

अनुभाग 7: सफलता, असफलता और लचीलापन हमें याद दिलाता है कि असफलताएँ अंत नहीं होतीं, बल्कि वो feedback loops होती हैं, जो हमें बेहतर बनाती हैं। यहाँ Grit की शक्ति है, Resilience का विज्ञान है, और The Dip की समझ है जो बताती है कि कब टिके रहना है और कब विदा लेना है।

अनुभाग 8: सामाजिक संरचना और सभ्यता की समझ हमें समाज की अदृश्य ताक़तों से परिचित कराती है — Prisoner's Dilemma जैसे खेल सिद्धांत से लेकर Information Cascade जैसी डिजिटल यथार्थताओं तक, और Broken Systems से जूझते समाजों तक।

अनुभाग 9: चेतना, ध्यान और आत्मिक उन्नति आपको भीतर की उस यात्रा पर ले जाता है जहाँ Observer Effect यह संकेत देता है कि देखने वाला स्वयं वास्तविकता को बदल सकता है, और Third Eye Awareness यह सिखाता है कि सच्ची दृष्टि आँखों से नहीं, अंतःकरण से होती है।

अंत में, अनुभाग 10 में ब्रह्मांड, अस्तित्व और अंतिम सत्य की गहराइयों में उतरते हैं — जहाँ हम Simulation Hypothesis पर विचार करते हैं, String Theory को एक रूपक के रूप में समझते हैं, और Cosmic Responsibility की जिम्मेदारी को महसूस करते हैं।

यह पुस्तक ज्ञान की एक ऐसी यात्रा है जो आपको केवल जानकार नहीं बनाएगी, बल्कि जागरूक बनाएगी। यह एक निमंत्रण है — खुद से मिलने का, खुद को समझने का, और खुद को बेहतर बनाने का।

तो चलिए, इस यात्रा की शुरुआत करते हैं — जहाँ हर सिद्धांत एक दीपक है, जो आपके भीतर के अंधकार को उजाले में बदलने की क्षमता रखता है।

क्योंकि जीवन में हर बड़ा परिवर्तन, एक छोटे से सूत्र से शुरू होता है।

सादर
डॉ मुकेश अग्रवाल

अनुभाग 6

सोच की संरचना और निर्णय की कला

FIRST PRINCIPLES THINKING

1. परिचय (INTRODUCTION)

FIRST PRINCIPLES THINKING का अर्थ है — किसी समस्या या विचार को उसके सबसे बुनियादी, निर्विवाद सत्य तक तोड़ना, और वहीं से नई सोच की शुरुआत करना। यह अनुकरण नहीं, नवाचार की राह है।

2. जन्म (BIRTH)

इस विचार की जड़ें प्राचीन यूनानी दार्शनिक अरस्तू (ARISTOTLE) तक जाती हैं, जिन्होंने कहा था:
"पहले सिद्धांत वे मूल बातें हैं जो अन्य बातों पर निर्भर नहीं होतीं।"
आधुनिक युग में एलन मस्क और चार्ली मंगर जैसे विचारकों ने इसे निर्णय और नवाचार का आधार बनाया।

3. कहानी (STORY)

एलन मस्क को जब SPACEX के लिए रॉकेट महंगे लगे, तो उन्होंने उनसे जुड़े सभी घटकों की लागत को तोड़ा और खुद रॉकेट बनवाए — क्योंकि उन्होंने FIRST PRINCIPLES THINKING अपनाई। उन्होंने सवाल किया: "रॉकेट वास्तव में क्या चीज़ों से बनता है?" और वहीं से नवाचार शुरू हुआ।

4. विज्ञान (SCIENCE)

FIRST PRINCIPLES THINKING में दो चरण होते हैं:
DECONSTRUCTION (विघटन) – जटिल विचार को छोटे-छोटे मूल तत्वों में तोड़ना।
RECONSTRUCTION (पुनर्निर्माण) – उन तत्वों से नई संरचना बनाना, न कि पूर्व परंपरा पर निर्भर रहना।
यह दृष्टिकोण दिमाग को कंडीशनिंग से मुक्त करता है और वैज्ञानिक सोच को जन्म देता है।

5. दर्शन (PHILOSOPHY)

उपनिषदों में कहा गया —

"नेति नेति" — अर्थात् यह भी नहीं, वह भी नहीं, जब तक कि अंतिम सत्य ना मिल जाए।

यह दर्शन भी FIRST PRINCIPLES की खोज ही है — सत्य की गहराई तक जाना, केवल ऊपर से मान लेना नहीं।

6. आध्यात्मिकता (SPIRITUALITY)

आध्यात्म में आत्मा को जानना ही FIRST PRINCIPLE है —

"कोऽहम्?" (मैं कौन हूँ?) — इस प्रश्न से आत्मबोध की यात्रा शुरू होती है। गहराई में उतरकर ही आत्मसाक्षात्कार संभव है। यही आत्मा की खोज भी मूलभूत सिद्धांतों पर आधारित है।

7. मेरा दृष्टिकोण (MY PERSPECTIVE)

मैं जब भी किसी जटिल समस्या को देखता हूँ — चाहे वह एक रोग हो, एक संगठनात्मक चुनौती, या जीवन का कोई बड़ा निर्णय — तो मैं सतही स्तर पर नहीं रुकता। मैं पूछता हूँ:

इसका मूल कारण क्या है?

क्या मैं किसी परंपरा को बस यूँ ही दोहरा रहा हूँ?

और तब मुझे सच्चे समाधान मिलते हैं।

8. उपयोगिता (USEFULNESS)

- जटिल समस्याओं का समाधान खोजने में सहायक
- नवाचार (INNOVATION) का आधार
- आत्ममंथन और चिंतन को गहरा बनाता है
- रटने की बजाय समझ को प्राथमिकता देता है
- व्यावसायिक निर्णयों को तार्किक बनाता है

9. अभ्यास (PRACTICE)

- किसी भी समस्या पर "क्यों?" 5 बार पूछें
- मान्यताओं को चुनौती दें — "क्या यह वास्तव में सच है?"
- परंपरागत ढांचे को छोड़कर सोचें
- छोटे-छोटे घटकों में विचार को तोड़ें और पुनर्निर्माण करें

10. चिंतन (REFLECTION)

- क्या मैं सचमुच समझकर निर्णय लेता हूँ, या परंपरा से?
- क्या मेरी सोच मूलभूत तत्वों से शुरू होती है?
- क्या मैं हर बार नव दृष्टिकोण अपनाने की कोशिश करता हूँ?

11. मेरा उद्धरण (MY QUOTE)

"सवाल वही सही है जो उत्तर नहीं, जड़ तक पहुँचने की चाह रखता है।" — डॉ. मुकेश अग्रवाल

12. निष्कर्ष (CONCLUSION)

FIRST PRINCIPLES THINKING हमें सोचने की सबसे मौलिक और शुद्ध विधा सिखाता है। यह हमें भीड़ से अलग सोचने, असंभव को संभव करने और मौलिकता से जीने की प्रेरणा देता है। यही वह दृष्टिकोण है जिससे महान खोजें और क्रांतियाँ जन्म लेती हैं।

SECOND-ORDER THINKING

1. परिचय (INTRODUCTION)

SECOND-ORDER THINKING का अर्थ है — किसी निर्णय या कार्य का केवल तात्कालिक परिणाम ही नहीं, बल्कि उसके दूरगामी प्रभावों को भी समझना। यह दूरदृष्टि और विवेकशीलता की पहचान है।

2. जन्म (BIRTH)

इस सोच की नींव HOWARD MARKS (मार्क्स ग्रुप के सह-संस्थापक) की पुस्तकों और निवेश रणनीतियों में स्पष्ट दिखाई देती है। निवेश में इसे "CONSEQUENCES OF CONSEQUENCES" की समझ कहा जाता है।

3. कहानी (STORY)

एक बार अफ्रीका में साँपों की समस्या के समाधान हेतु सरकार ने घोषणा की: "जो भी मरा हुआ साँप लाएगा, उसे पैसे मिलेंगे।"

शुरू में समस्या सुलझी, लेकिन लोग साँपों को पालने लगे ताकि मारकर पैसे कमा सकें।

यही होता है जब केवल FIRST-ORDER EFFECTS देखे जाते हैं — SECOND-ORDER THINKING न हो तो समाधान स्वयं समस्या बन जाता है।

4. विज्ञान (SCIENCE)

मानव मस्तिष्क स्वाभाविक रूप से निकट भविष्य पर केंद्रित होता है। लेकिन PREFRONTAL CORTEX का सक्रिय उपयोग दीर्घकालिक सोच (SECOND-ORDER) के लिए आवश्यक है।

न्यूरोसाइंस कहता है — उच्च स्तर की सोच में "COGNITIVE LOAD MANAGEMENT" और "TEMPORAL PROJECTION" जैसी क्षमताएँ सक्रिय होती हैं।

5. दर्शन (PHILOSOPHY)

भगवद्गीता में श्रीकृष्ण कहते हैं:

"कार्य के फलों में आसक्ति मत रखो, परंतु कार्य के परिणामों को समझो।"

यही दूरदृष्टि SECOND-ORDER THINKING का दार्शनिक स्वरूप है — निर्णयों को न केवल अब के लिए, बल्कि भविष्य के लिए भी देखना।

6. आध्यात्मिकता (SPIRITUALITY)

आध्यात्मिक निर्णय — जैसे किसी को क्षमा करना — तात्कालिक रूप से कठिन लग सकता है (FIRST ORDER PAIN) लेकिन दीर्घकाल में आत्मशांति देता है (SECOND ORDER PEACE)।

ध्यान और तपस्या भी तुरंत सुख नहीं देते, पर उनके SECOND-ORDER BENEFITS बहुत गहरे होते हैं।

7. मेरा दृष्टिकोण (MY PERSPECTIVE)

मेरे अनुभव में, जीवन और नेतृत्व दोनों में यह सोच अनिवार्य है।

मैं जब कोई निर्णय लेता हूँ — जैसे किसी नए क्लिनिक का उद्घाटन या किसी युवा को अवसर देना — तो सोचता हूँ:

इसका कल क्या असर होगा?

लोग इसे देखकर क्या सीखेंगे?

8. उपयोगिता (USEFULNESS)

- सतही नहीं, गहन सोच की आदत बनती है
- जोखिम प्रबंधन बेहतर होता है
- रणनीतिक निर्णयों में सफलता की संभावना बढ़ती है
- व्यक्तिगत संबंधों में समझदारी आती है
- निवेश, शिक्षा और व्यवसाय में दीर्घकालिक लाभ

9. अभ्यास (PRACTICE)

- निर्णय लेते समय लिखें: इसका 1ST, 2ND और 3RD प्रभाव क्या होगा?
- "और फिर क्या होगा?" (AND THEN WHAT?) यह प्रश्न बार-बार पूछें
- शॉर्टकट्स के बजाय दीर्घकालिक सोच को तरजीह दें
- दूसरों के निर्णयों के दूरगामी प्रभावों को समझने की कोशिश करें

10. चिंतन (REFLECTION)

क्या मैं तात्कालिक लाभों पर केंद्रित हूँ?
क्या मैंने अपने निर्णयों के SECOND-ORDER EFFECTS पर विचार किया है?
क्या मेरी दूरदृष्टि सतही फैसलों से ऊपर उठ चुकी है?

11. मेरा उद्धरण (MY QUOTE)

"जो दूर देखता है, वही गहराई से जीता है।" — डॉ. मुकेश अग्रवाल

12. निष्कर्ष (CONCLUSION)

SECOND-ORDER THINKING केवल एक रणनीति नहीं, यह एक मानसिक अनुशासन है। यह हमें तुरंत लाभ की बजाय सही, दीर्घकालिक और समझदारी से भरे निर्णय लेने की प्रेरणा देता है। जीवन, नेतृत्व और संबंध — सभी क्षेत्रों में यह सोच हमारी परिपक्वता को दर्शाती है।

INVERSION PRINCIPLE

1. परिचय (INTRODUCTION)

INVERSION PRINCIPLE का अर्थ है — किसी समस्या को सीधा सुलझाने के बजाय, उसे उल्टा सोचकर समझना। यह एक मानसिक मॉडल है जो कहता है: "यदि समाधान कठिन लग रहा है, तो समस्या को पलटकर देखो।"
यह सोच का उल्टा तरीका अक्सर चमत्कारी हल देता है।

2. जन्म (BIRTH)

इस सिद्धांत की जड़ें महान गणितज्ञ CARL GUSTAV JACOBI की कहावत में हैं:
"INVERT, ALWAYS INVERT."
वह समस्याओं को पलट कर हल करने में विश्वास रखते थे।

3. कहानी (STORY)

एक स्कूल में बच्चों को स्वच्छता की शिक्षा देनी थी। समझाइश से कोई बदलाव नहीं आया।
फिर शिक्षकों ने बच्चों से पूछा:
"अगर हमें स्कूल को सबसे गंदा बनाना हो तो क्या करेंगे?"
बच्चों ने खूब जवाब दिए — इधर-उधर थूकेंगे, कूड़ा फेंकेंगे, टॉयलेट नहीं धोएंगे।
फिर उनसे पूछा गया — अब जो बातें बोलीं, उसका उल्टा करो — वही सफाई है।
बच्चों ने उसी दिन से सफाई का अभ्यास शुरू कर दिया।

4. विज्ञान (SCIENCE)

INVERSION मस्तिष्क के PROBLEM-SOLVING CENTER — PREFRONTAL CORTEX को सक्रिय करता है।
यह "NEGATIVE VISUALIZATION" तकनीक से जुड़ा है, जिससे हम गलतियों, नुकसानों और गलत रास्तों को पहले से पहचानकर टाल सकते हैं।

5. दर्शन (PHILOSOPHY)

STOIC दर्शन में INVERSION का प्रयोग किया जाता है।

"PREMEDITATIO MALORUM" — अर्थात् संभावित बुराइयों की पूर्व कल्पना करना, ताकि उनसे बचा जा सके।

यह जीवन की तैयारी नहीं, बल्कि समझदारी है।

6. आध्यात्मिकता (SPIRITUALITY)

अध्यात्म में भी यही दृष्टिकोण:

- अहंकार बढ़ाने की बजाय विनम्रता चुनो।
- मोह बढ़ाने की बजाय वैराग्य सोचो।
- यदि मैं आत्मा नहीं हूँ, तो फिर क्या हूँ? — यह उल्टा चिंतन ही तो आत्मबोध की राह है।

7. मेरा दृष्टिकोण (MY PERSPECTIVE)

जब कभी मैं कोई योजना बनाता हूँ, तो केवल ये नहीं सोचता कि कैसे सफल हों, बल्कि ये भी सोचता हूँ:

- इस योजना को असफल कैसे किया जा सकता है?
- लोग किन गलतियों से गिरते हैं?
- फिर मैं उन्हीं गलतियों से बचने का रास्ता बना लेता हूँ।

8. उपयोगिता (USEFULNESS)

- जटिल समस्याओं को सरल करने में मदद
- निर्णय लेने में स्पष्टता
- गलतियों से बचने की क्षमता
- रणनीतिक योजना में गहराई
- व्यक्तिगत विकास में आत्मनिरीक्षण

9. अभ्यास (PRACTICE)

जब भी कोई लक्ष्य तय करें, सोचें: इसमें असफल कैसे हो सकते हैं?

"अगर मुझे खुद को बर्बाद करना हो तो क्या करूँगा?" — यह प्रश्न सिखाता है कि बचना किससे है।

VISION BOARD के साथ "ANTI-VISION BOARD" बनाएं: ऐसा जीवन जो आप नहीं चाहते।

10. चिंतन (REFLECTION)

- क्या मैं केवल सीधा रास्ता देख रहा हूँ?
- क्या मैंने उल्टे सोचकर समस्याओं को दोबारा देखा है?
- क्या मैं असफलताओं से बचने की तैयारी कर रहा हूँ?

11. मेरा उद्धरण (MY QUOTE)

"जीवन को समझने के लिए, कई बार उल्टी दिशा में सोचना पड़ता है।" — डॉ. मुकेश अग्रवाल

12. निष्कर्ष (CONCLUSION)

INVERSION PRINCIPLE एक गहरा मानसिक उपकरण है — जो हमें सीधा उत्तर नहीं देता, बल्कि वह गलतियाँ दिखाता है जो हम सामान्यतः नहीं देखते। यह जीवन, लक्ष्य, संबंध, नेतृत्व — हर क्षेत्र में हमारी दृष्टि को व्यापक और मजबूत बनाता है।

OCCAM'S RAZOR

1. परिचय (INTRODUCTION)
OCCAM'S RAZOR एक विचारशील सिद्धांत है जो कहता है:
"जब कई संभावित व्याख्याएं हों, तो सबसे सरल और कम अनुमान वाला विकल्प चुनो।"
यह निर्णय लेने और जटिल समस्याओं को समझने में एक मार्गदर्शक सिद्धांत है।

2. जन्म (BIRTH)
इस सिद्धांत का नाम 14वीं सदी के फ्रांसिस्कन भिक्षु और दार्शनिक WILLIAM OF OCKHAM से जुड़ा है।
उन्होंने तर्कशास्त्र में बार-बार कहा:
"ENTITIES SHOULD NOT BE MULTIPLIED BEYOND NECESSITY."
यानि अनावश्यक मान्यताओं को न जोड़ा जाए।

3. कहानी (STORY)
एक गांव में एक पेड़ पर रंग-बिरंगे कपड़े रोज़ लटकते मिलते थे।
लोग बोले — भूत है, आत्मा है, तांत्रिक कर रहा है।
लेकिन एक छोटे बच्चे ने कहा — "हो सकता है कोई पागल व्यक्ति ऐसा कर रहा हो।"
जब पुलिस ने पकड़ किया, तो एक मानसिक रूप से अस्थिर व्यक्ति मिला जो कपड़े सुखाने के लिए ऐसा करता था।
सरल उत्तर ही सही निकला।

4. विज्ञान (SCIENCE)
वैज्ञानिक शोध में OCCAM'S RAZOR का उपयोग तब होता है जब दो या अधिक सिद्धांत समान परिणाम देते हैं।
EXAMPLE:
जब दो सिद्धांत समान सटीकता से ग्रहों की गति समझाते हैं, तो सरल वाला चुना जाता है — क्योंकि उसमें कम "VARIABLES" होते हैं।

5. दर्शन (PHILOSOPHY)

दार्शनिक दृष्टि से यह तर्कशास्त्र (LOGIC) का मूल तत्व है।
यह "अवांछनीय जटिलता" से बचाता है और विचार प्रक्रिया को व्यावहारिक बनाता है।

6. आध्यात्मिकता (SPIRITUALITY)

धर्म और अध्यात्म में भी हम देखते हैं:
- परम सत्य तक पहुंचने के लिए सरलता अपनानी होती है।
- जटिल कर्मकांड से ज़्यादा जरूरी है — "भाव, श्रद्धा और सरलता।"

7. मेरा दृष्टिकोण (MY PERSPECTIVE)

जिन क्षेत्रों में मैं काम करता हूँ — चाहे वह शिक्षा हो, संबंध हों या प्रबंधन — मैंने देखा है:
"जहाँ हम जटिल सोचते हैं, वहाँ हम उलझ जाते हैं। सरल सोचने से समाधान दिखता है।"

8. उपयोगिता (USEFULNESS)

- निर्णय लेने में तेजी और स्पष्टता
- अनावश्यक विश्लेषण से बचाव
- आत्मविश्वास में वृद्धि
- वैज्ञानिक और तर्कशुद्ध दृष्टिकोण
- नेतृत्व और रणनीति में कुशलता

9. अभ्यास (PRACTICE)

जब भी कोई समस्या हो, पूछें: "क्या इसका सरल उत्तर भी हो सकता है?"
अनावश्यक अनुमान और थ्योरीज़ को काटें।
अपने निर्णयों में "SIMPLICITY FILTER" लगाएं।

10. चिंतन (REFLECTION)

- क्या मैं जटिलता में उलझ रहा हूँ?
- क्या मेरा उत्तर अनावश्यक रूप से भारी है?
- क्या सरल समाधान को मैं नजरअंदाज कर रहा हूँ?

11. मेरा उद्धरण (MY QUOTE)

"जिंदगी की गुत्थियां अक्सर सरल धागों से सुलझती हैं।" — डॉ. मुकेश अग्रवाल

12. निष्कर्ष (CONCLUSION)

OCCAM'S RAZOR केवल एक बौद्धिक सिद्धांत नहीं, बल्कि जीवन जीने की सरल, प्रभावशाली कला है।

यह हमें सिखाता है कि हम समाधान के लिए आसमान में उड़ने की बजाय, धरती की सीधी राह पकड़ें।

HANLON'S RAZOR

1. परिचय (INTRODUCTION)

HANLON'S RAZOR एक मानसिक मॉडल है जो कहता है:

"कभी भी उस पर बुराई का आरोप न लगाएं, जिसे मूर्खता से भी समझाया जा सकता है।"

यह मानवीय व्यवहार को समझने और बेहतर संबंध बनाने में बेहद उपयोगी सिद्धांत है।

2. जन्म (BIRTH)

इस सिद्धांत का सबसे पहले उल्लेख ROBERT J. HANLON ने 1980 में किया, लेकिन यह विचार सदियों से विद्यमान था।

VOLTAIRE और GOETHE जैसे विचारकों ने भी इस बात को दोहराया कि — बुरी मंशा से ज़्यादा अक्सर मूर्खता जिम्मेदार होती है।

3. कहानी (STORY)

एक दोस्त ने आपको पार्टी में नहीं बुलाया।

आपने सोचा — "शायद वह मुझसे नफरत करता है।"

पर सच यह था कि उसने गलती से आपका नंबर मिस कर दिया।

HANLON'S RAZOR यही कहता है:

पहले मूर्खता या गलती को समझो, फिर मंशा पर सवाल उठाओ।

4. विज्ञान (SCIENCE)

मनुष्य की सोच में NEGATIVITY BIAS और FUNDAMENTAL ATTRIBUTION ERROR काम करता है।

हम दूसरों की गलतियों को "इरादतन" मानते हैं, जबकि अपनी गलतियों को "परिस्थिति" का दोष देते हैं।

HANLON'S RAZOR इसे बैलेंस करता है।

5. दर्शन (PHILOSOPHY)

दार्शनिक दृष्टिकोण से यह सिद्धांत न्यायप्रियता, सहानुभूति और यथार्थ सोच को बढ़ावा देता है।

यह हमें जल्दबाज़ निष्कर्षों से रोकता है और विवेकशील सोच के लिए प्रेरित करता है।

6. आध्यात्मिकता (SPIRITUALITY)

हर धर्म क्षमा, समझदारी और करुणा की शिक्षा देता है।
HANLON'S RAZOR वही कहता है —
 "सबसे पहले मानो कि कोई गलती कर सकता है — जानबूझ कर नहीं।"

7. मेरा दृष्टिकोण (MY PERSPECTIVE)

मेरे अनुभव में रिश्तों में 90% गलतफहमियाँ "इरादे" नहीं बल्कि "ध्यान न देने" और "समझ की कमी" से होती हैं।
HANLON'S RAZOR ने मेरी सोच को सहज, शुद्ध और करुणामयी बनाया है।

8. उपयोगिता (USEFULNESS)

- संबंधों में गलतफहमियाँ कम होती हैं
- टीमवर्क में सहिष्णुता बढ़ती है
- ग़लत फैसलों में रोष के बजाय समाधान निकलता है
- मन की शांति बनी रहती है
- जजमेंटल रवैये से छुटकारा मिलता है

9. अभ्यास (PRACTICE)

- किसी की गलती पर तुरंत मंशा पर शक न करें
- स्वयं से पूछें: "क्या यह लापरवाही या भ्रम हो सकता है?"
- गलतियों को संवाद से सुलझाएं, आक्रोश से नहीं

10. चिंतन (REFLECTION)

- क्या मैं किसी की गलती को जानबूझी मान रहा हूँ?
- क्या मेरी प्रतिक्रिया उसकी मंशा को बिना जाने बन रही है?
- क्या मैं गलती और बुराई में फर्क कर पा रहा हूँ?

11. मेरा उद्धरण (MY QUOTE)

"हर गलती साजिश नहीं होती — कई बार बस इंसान होने का सबूत होती है।" — डॉ. मुकेश अग्रवाल

12. निष्कर्ष (CONCLUSION)

HANLON'S RAZOR हमें बुराई देखने की जगह इंसानियत समझने की राह दिखाता है।

यह एक व्यावहारिक सिद्धांत है जो मन को शांत, संबंधों को मजबूत और जीवन को सरल बनाता है।

CRITICAL THINKING LOOP

1. परिचय (INTRODUCTION)

CRITICAL THINKING LOOP एक सोचने की प्रक्रिया है, जिसमें व्यक्ति तथ्यों, प्रमाणों और तर्कों के आधार पर निर्णय लेता है, न कि मान्यताओं या भावनाओं के आधार पर।

यह 'सतत् सोच-विचार' की एक चक्रीय प्रणाली है, जो हर निर्णय को गहराई से जांचती है।

2. जन्म (BIRTH)

CRITICAL THINKING का मूल प्लेटो और सुकरात जैसे दार्शनिकों से जुड़ा है।

पर "LOOP" का आधुनिक मॉडल शिक्षा, मनोविज्ञान और समस्या-समाधान तकनीकों में उभरा है — खासकर BLOOM'S TAXONOMY और JOHN DEWEY के शैक्षिक सिद्धांतों में।

3. कहानी (STORY)

एक छात्र ने बिना पूछे मान लिया कि वह गणित में कमजोर है।

उसके शिक्षक ने उससे सवाल पूछने, तर्क समझने, उत्तर को चुनौती देने और पुनः सोचने की प्रक्रिया सिखाई।

वह "I AM WEAK" से "I CAN IMPROVE" के LOOP में आ गया।

यह सोचने के चक्र की ताकत है।

4. विज्ञान (SCIENCE)

यह मॉडल मस्तिष्क के प्रीफ्रंटल कॉर्टेक्स को सक्रिय करता है, जहाँ विश्लेषण, तर्क और निर्णय निर्माण होता है।

MRI स्कैन बताते हैं कि चिंतन चक्र में डूबे हुए व्यक्ति का मस्तिष्क अलग तरह से प्रतिक्रिया करता है — ज्यादा तर्कपूर्ण, कम आवेगपूर्ण।

5. दर्शन (PHILOSOPHY)

SOCRATIC METHOD, CARTESIAN DOUBT (DESCARTES) और RATIONALISM जैसी धाराएँ CRITICAL THINKING के मूल हैं।

यह सिद्धांत मानता है कि ज्ञान का जन्म शंका, तर्क और परीक्षण से होता है।

6. आध्यात्मिकता (SPIRITUALITY)

ध्यान, आत्ममंथन और "नेति-नेति" (यह नहीं, वह नहीं) जैसी ध्यान विधियाँ भी चिंतन चक्र का ही हिस्सा हैं।
अध्यात्म कहता है — "शुद्ध विवेक से देखो, पूर्वाग्रह से नहीं।"

7. मेरा दृष्टिकोण (MY PERSPECTIVE)

मेरे जीवन में जब मैंने अपने विश्वासों को परखना शुरू किया, तब असली विकास हुआ।
CRITICAL THINKING LOOP ने मुझे 'आस्थावान' से 'विवेकशील आस्थावान' बनाया — यानी तर्क से युक्त श्रद्धा की ओर।

8. उपयोगिता (USEFULNESS)

- निर्णयों की गुणवत्ता में सुधार
- पूर्वाग्रह से मुक्ति
- समस्या-समाधान में रचनात्मकता
- आत्मविकास में सहायता
- बेहतर संवाद और रिश्ते

9. अभ्यास (PRACTICE)

- OBSERVE: जो है उसे देखो
- QUESTION: क्यों है ऐसा?
- ANALYZE: तर्क और प्रमाण से परखो
- INTERPRET: अपने शब्दों में समझो
- REFLECT: दोबारा सोचो
- APPLY: निर्णय लो
- REPEAT: फिर से सोचो — यह एक लूप है

10. चिंतन (REFLECTION)

- क्या मैं अपनी सोच को चुनौती देता हूँ?
- क्या मैं सबूतों पर आधारित निर्णय ले रहा हूँ?
- क्या मैंने अपने विश्वासों को जांचा है?

11. मेरा उद्धरण (MY QUOTE)

"सोचना एक कला है, और बार-बार सोचना आत्मा की तपस्या।" – डॉ. मुकेश अग्रवाल

12. निष्कर्ष (CONCLUSION)

CRITICAL THINKING LOOP एक जीवन जीने का तरीका है — जिसमें हर विचार, निर्णय और प्रतिक्रिया को सतर्कता, तर्क और विवेक से देखा जाता है।

यह LOOP हमें मानसिक स्वतंत्रता, आत्मज्ञान और सही निर्णय की ओर ले जाता है।

THE LADDER OF INFERENCE

1. परिचय (INTRODUCTION)

THE LADDER OF INFERENCE एक मानसिक मॉडल है जो यह दर्शाता है कि हम किसी स्थिति के आधार पर कैसे निष्कर्ष पर पहुँचते हैं — अक्सर बिना पूरे तथ्यों को जाने। यह सीढ़ी दिखाती है कि कैसे डेटा से लेकर निर्णय तक की यात्रा में हम अपनी मान्यताओं को कैसे शामिल कर लेते हैं।

2. जन्म (BIRTH)

यह मॉडल सबसे पहले ORGANIZATIONAL PSYCHOLOGIST CHRIS ARGYRIS और PETER SENGE के काम में सामने आया। इसे व्यावसायिक और नेतृत्व प्रशिक्षण में महत्वपूर्ण टूल के रूप में अपनाया गया।

3. कहानी (STORY)

एक ऑफिस मीटिंग में राहुल ने देखा कि उसके बॉस ने उसकी बात पर ध्यान नहीं दिया।
उसने निष्कर्ष निकाला — "शायद बॉस मुझसे नाराज़ हैं।"
बिना पूछे वह दूरी बनाने लगा, और बॉस ने भी बदलाव महसूस किया।
असलियत में बॉस तनाव में थे, राहुल से नहीं।
राहुल ने अनुमान की सीढ़ी चढ़ ली थी।

4. विज्ञान (SCIENCE)

हमारा मस्तिष्क LIMITED DATA को तुरंत अर्थ देने की कोशिश करता है। AMYGDALA और PREFRONTAL CORTEX तेज़ निष्कर्ष बनाने के लिए मिलकर काम करते हैं — जिससे COGNITIVE SHORTCUTS बनती हैं, जो कई बार भ्रम पैदा करती हैं।

5. दर्शन (PHILOSOPHY)

बुद्ध का वचन: "जो तुमने सुना है, वह सत्य नहीं; जो तुमने देखा है, वह भी नहीं — सत्य वह है, जो समझा गया हो विवेक से।"
यही यह मॉडल कहता है — सच्चाई तक पहुँचने से पहले रुकिए, सोचिए, जाँचिए।

6. आध्यात्मिकता (SPIRITUALITY)

अध्यात्म में यह धारणा मिलती है कि हम अपने 'मायिक चित्त' से संसार को देखते हैं — यानी अपने अंदर की धारणाओं के चश्मे से।

'सीढ़ी' वह है जो हमें भ्रम से सत्य की ओर ले जाए, न कि अनुमान की भूलों की ओर।

7. मेरा दृष्टिकोण (MY PERSPECTIVE)

मुझे खुद को बार-बार यह याद दिलाना पड़ता है कि — "मैं जो सोच रहा हूँ, वह शायद पूरा सच नहीं है।"

जब मैंने अपनी मान्यताओं की सीढ़ी पर चढ़ना बंद किया, तब लोगों को सही रूप में देखना शुरू किया।

8. उपयोगिता (USEFULNESS)

- गलतफहमी और संचार समस्याओं से बचाव
- निर्णय लेने में स्पष्टता
- संबंधों में समझदारी
- आत्मनिरीक्षण में सुधार

9. अभ्यास (PRACTICE)

7 स्टेप्स ऑफ द लैडर (सीढ़ी के चरण):

- OBSERVE REALITY & FACTS (जो सच में हुआ)
- SELECT DATA (हम क्या चुनते हैं)
- ADD MEANING (व्यक्तिगत अर्थ जोड़ना)
- MAKE ASSUMPTIONS (धारणाएँ बनाना)
- DRAW CONCLUSIONS (निष्कर्ष निकालना)
- ADOPT BELIEFS (विश्वास बनाना)
- TAKE ACTION (कार्य करना)

रोकिए, सोचिए: क्या मैंने पूरी सीढ़ी चढ़ ली है?

10. चिंतन (REFLECTION)

- क्या मैं निष्कर्ष पर जल्दी पहुँच गया हूँ?
- क्या मैंने सभी तथ्यों पर विचार किया है?
- क्या मेरा कार्य विश्वास पर आधारित है या सच्चाई पर?

11. मेरा उद्धरण (MY QUOTE)

"सच्चाई तक पहुँचने से पहले, अपने अनुमान की सीढ़ी पर चढ़ना बंद करो।" – डॉ. मुकेश अग्रवाल

12. निष्कर्ष (CONCLUSION)

THE LADDER OF INFERENCE हमें हमारी सोच की प्रक्रिया को समझने और उस पर नियंत्रण पाने का उपकरण देता है।

इससे हम अधिक समझदार, संतुलित और संप्रेषणीय जीवन जी सकते हैं।

MENTAL MODELS

1. परिचय (INTRODUCTION)
MENTAL MODELS वे फ्रेमवर्क्स हैं, जिनसे हम दुनिया को समझते हैं, निर्णय लेते हैं, और समस्याओं को हल करते हैं।
ये हमारे सोचने के तरीके को सरल, तेज़ और असरदार बनाते हैं — या कभी-कभी भ्रमित भी करते हैं।

2. जन्म (BIRTH)
इस विचार को लोकप्रिय बनाया प्रसिद्ध निवेशक CHARLIE MUNGER ने।
उन्होंने कहा कि "A LATTICEWORK OF MENTAL MODELS" — यानी अनेक मानसिक प्रतिरूपों का नेटवर्क — महान निर्णय लेने की कुंजी है।

3. कहानी (STORY)
एक किसान को दो बैल दिए गए — एक तेज़, दूसरा धीमा।
उसने तेज़ बैल को हल चलाने में लगाया और धीमे को चरने भेजा।
किसी ने पूछा — "दोनों का क्या उपयोग किया?"
उसने कहा, "मेरे दिमाग में स्पष्ट मॉडल था — 'काम के लिए कुशल, विश्राम के लिए शांति।' "
यह था एक सादा पर गहरा मानसिक प्रतिरूप।

4. विज्ञान (SCIENCE)
हमारा मस्तिष्क जटिल चीजों को समझने के लिए COGNITIVE SCHEMAS का प्रयोग करता है।
MENTAL MODELS PATTERN RECOGNITION, DECISION HEURISTICS, और PREDICTIVE PROCESSING में मदद करते हैं।
सही मॉडल से हम बेहतर निर्णय लेते हैं, गलत मॉडल से भ्रम में पड़ते हैं।

5. दर्शन (PHILOSOPHY)
प्लेटो की गुफा का दृष्टांत यही कहता है — हम जो देखते हैं, वही सत्य नहीं है; हम अपने मन के प्रतिरूप से वास्तविकता को सीमित कर देते हैं।
मन के फ्रेम को बदलो, तो दुनिया बदल जाएगी।

6. आध्यात्मिकता (SPIRITUALITY)

- गीता कहती है — "मन ही बंधन का कारण है और मोक्ष का भी।"
- अगर हमारा मानसिक प्रतिरूप सीमित है — तो हम सीमाओं में रहते हैं।
- अगर यह जागरूक, विस्तारशील और प्रेममय है — तो हम मुक्त हो जाते हैं।

7. मेरा दृष्टिकोण (MY PERSPECTIVE)

मैंने जीवन में यह सीखा — हर स्थिति को देखने के लिए एक से ज़्यादा नज़रिए जरूरी हैं।

MENTAL MODELS मेरी सोच की आँखें हैं। जितनी विविध, उतनी स्पष्ट दृष्टि।

8. उपयोगिता (USEFULNESS)

- निर्णय लेने में तीव्रता और स्पष्टता
- जटिल समस्याओं को हल करना
- दूसरे लोगों को बेहतर समझना
- अपनी सोच की गुणवत्ता सुधारना

9. अभ्यास (PRACTICE)

10 BEST MENTAL MODELS TO BEGIN WITH:

- FIRST PRINCIPLES THINKING – मूलभूत सत्य से शुरू करना
- SECOND-ORDER THINKING – परिणामों के परिणाम देखना
- INVERSION – उल्टा सोचना
- OCCAM'S RAZOR – सरल हल चुनना
- CIRCLE OF COMPETENCE – अपने क्षेत्र में रहना
- FEYNMAN TECHNIQUE – समझ को सिखाकर जांचना
- LAW OF DIMINISHING RETURNS
- OPPORTUNITY COST
- BAYESIAN THINKING
- FEEDBACK LOOPS

अभ्यास: हर निर्णय से पहले पूछिए — "क्या मैं सही मॉडल से सोच रहा हूँ?"

10. चिंतन (REFLECTION)

- क्या मेरे सोचने का तरीका यथार्थवादी है?
- क्या मैं हमेशा एक ही दृष्टिकोण से देखता हूँ?
- क्या मैं दूसरे MENTAL MODELS को अपनाने के लिए तैयार हूँ?

11. मेरा उद्धरण (MY QUOTE)

"जैसे एक आँख से दुनिया अधूरी लगती है, वैसे एक ही मानसिक मॉडल से समझ अधूरी रहती है।" – डॉ. मुकेश अग्रवाल

12. निष्कर्ष (CONCLUSION)

MENTAL MODELS वो टूल्स हैं जो हमारे सोचने के तरीके को आकार देते हैं।
जितने विविध, उतना संतुलित हमारा दृष्टिकोण।
सही मॉडल अपनाइए, सोच को विस्तार दीजिए — और जीवन को भी।

FEYNMAN TECHNIQUE

1. परिचय (INTRODUCTION)

FEYNMAN TECHNIQUE एक शक्तिशाली सीखने और समझने की विधि है, जिसमें आप किसी विषय को इस तरह से समझते हैं कि आप उसे एक बच्चे को भी सिखा सकें।

यह आपको भ्रम और दिखावे से बाहर निकालकर ज्ञान के असली सार तक ले जाती है।

2. जन्म (BIRTH)

इस तकनीक का नाम नोबेल पुरस्कार विजेता भौतिकशास्त्री RICHARD FEYNMAN पर पड़ा।

उन्होंने यह तरीका स्वयं सीखने के लिए विकसित किया था — कठिन चीज़ों को सरल, समझने योग्य और मज़ेदार बनाकर।

3. कहानी (STORY)

FEYNMAN जब प्रिंसटन यूनिवर्सिटी में थे, तब वे एक खाली कॉपी में हर वो विषय लिखते थे जो उन्हें कठिन लगता था।

फिर वे उस विषय को इस तरह से लिखते और बोलते, जैसे वे किसी अनपढ़ व्यक्ति को समझा रहे हों।

यही बना उनका सीखने का तरीका — और दुनिया ने इसे एक क्रांति मान लिया।

4. विज्ञान (SCIENCE)

FEYNMAN TECHNIQUE सक्रिय सीखने (ACTIVE LEARNING), RETRIEVAL PRACTICE, और ELABORATION के सिद्धांतों पर आधारित है।

यह मस्तिष्क में गहराई से जानकारी जमा करता है, WORKING MEMORY और LONG-TERM MEMORY के बीच सेतु बनाता है।

5. दर्शन (PHILOSOPHY)

"सच्चा ज्ञान वह है जो सरलता में झलकता है।"

FEYNMAN TECHNIQUE हमें दिखाती है कि दिखावे का ज्ञान कुछ नहीं, जब तक हम उसे दूसरों को सिखा न सकें।

यह अहंकार को हटाकर विनम्र बौद्धिकता को बढ़ावा देती है।

6. आध्यात्मिकता (SPIRITUALITY)

ज्ञान को सुलभ बनाना, उसे बांटना, और दूसरों के जीवन में रोशनी फैलाना — यही तो अध्यात्म है।

FEYNMAN TECHNIQUE आत्मज्ञान की ओर भी एक सरल मार्ग है — "पहले स्वयं समझो, फिर दूसरों की मदद करो।"

7. मेरा दृष्टिकोण (MY PERSPECTIVE)

मैंने पाया कि जब मैं किसी जटिल विचार को सरल भाषा में लिखने की कोशिश करता हूँ — तब असली समझ विकसित होती है।

FEYNMAN TECHNIQUE मेरे लिए CLARITY और CREATIVITY दोनों का द्वार है।

8. उपयोगिता (USEFULNESS)

- किसी भी विषय को गहराई से समझने में सहायक
- पढ़ाई में स्मरण शक्ति बढ़ती है
- शिक्षा और ट्रेनिंग में असरदार
- भ्रम और अधकचरे ज्ञान की पहचान होती है

9. अभ्यास (PRACTICE)

FEYNMAN TECHNIQUE के 4 STEPS:

- CHOOSE A TOPIC – किसी विषय को चुनिए
- TEACH IT TO A CHILD – ऐसे समझाइए जैसे सामने 12 साल का बच्चा हो
- IDENTIFY GAPS – जहां अटकें, वहां दोबारा पढ़िए
- SIMPLIFY AND ANALOGIZE – सरल और दृष्टांतों से समझाइए

अभ्यास: आज जिस विषय पर आप भ्रमित हैं — उसे एक पेज पर सरल भाषा में लिखिए और खुद को सिखाइए।

10. चिंतन (REFLECTION)

- क्या मैं उस विषय को इतने सरल शब्दों में समझा सकता हूँ कि कोई अनजान भी समझ जाए?
- क्या मैं शब्दों की जटिलता में छुप रहा हूँ या असल समझ रखता हूँ?
- क्या मैं अपने ज्ञान को दूसरों के लिए उपयोगी बना पा रहा हूँ?

11. मेरा उद्धरण (MY QUOTE)

"जो स्पष्ट बोले, वही ज्ञानी है; जो सरल समझा दे, वही साधक है।" – डॉ. मुकेश अग्रवाल

12. निष्कर्ष (CONCLUSION)

FEYNMAN TECHNIQUE सिर्फ एक तरीका नहीं, एक दृष्टिकोण है — सीखने का, सिखाने का, और जीवन को समझने का।

अगर आप किसी विचार को सच्चे मन से समझना चाहते हैं — तो उसे सिखाने की कोशिश कीजिए।

ज्ञान को बांटिए, और वह आपका सच्चा हो जाएगा।

LAW OF DIMINISHING RETURNS

1. परिचय (Introduction)
यह सिद्धांत बताता है कि जब किसी कार्य में लगातार संसाधन जोड़े जाते हैं, तो एक समय के बाद उससे मिलने वाला लाभ धीरे-धीरे कम होता जाता है। यह खासतौर पर उत्पादकता, पढ़ाई, एक्सरसाइज और काम के घंटों में देखा जाता है।

2. जन्म (Birth)
इस सिद्धांत की उत्पत्ति अर्थशास्त्र से हुई। 18वीं सदी में David Ricardo और बाद में Thomas Malthus जैसे अर्थशास्त्रियों ने इस पर कार्य किया।

3. कहानी (Story)
एक किसान अपने खेत में हर साल खाद की मात्रा बढ़ाता है। पहले साल उपज दोगुनी हुई, दूसरे साल थोड़ी और बढ़ी, लेकिन तीसरे साल बढ़ोत्तरी रुक गई — और चौथे साल तो जमीन थकने लगी।
यह घटते प्रतिफल का स्पष्ट उदाहरण है।

4. विज्ञान (Science)
यह सिद्धांत कहता है कि यदि एक चर कारक (जैसे मेहनत) को लगातार बढ़ाया जाए और अन्य कारक स्थिर रहें, तो लाभ की दर एक बिंदु के बाद घटने लगती है।
Mathematically: Marginal Utility ↓ over time with excessive input.

5. दर्शन (Philosophy)
दर्शन कहता है — "मध्यम मार्ग श्रेष्ठ है।"
यह सिद्धांत भी वही कहता है — अति किसी भी चीज़ की हानिकारक है, चाहे वह प्रयास हो या संसाधन।

6. आध्यात्मिकता (Spirituality)
आध्यात्मिक रूप से यह सिद्धांत संतुलन और विराम की आवश्यकता को दर्शाता है।

कभी-कभी रुकना, थमना और भीतर झांकना – वही वास्तविक उन्नति होती है।

7. मेरा दृष्टिकोण (My Perspective)

मैंने कई बार अनुभव किया कि दिन-रात काम करके भी जब output घटने लगे, तो इसका अर्थ होता है — थक चुकी ऊर्जा से सिर्फ औपचारिकता निभाई जा रही है।
गहराई तब आती है जब हम समझदारी से सीमाएं पहचानते हैं।

8. उपयोगिता (Usefulness)

- काम और विश्राम में संतुलन
- पढ़ाई में ब्रेक लेना
- टीम मैनेजमेंट में सही संसाधन संयोजन
- फोकस्ड एफर्ट बनाम ओवरवर्किंग

9. अभ्यास (Practice)

- हर कार्य को टाइम स्लॉट में बाँटना
- दिनभर में 90 मिनट के ब्लॉक और छोटे ब्रेक
- "काम अधिक नहीं, बुद्धिमत्ता से" का अभ्यास
- अपनी productivity पर weekly reflection करना

10. चिंतन (Reflection)

- क्या मैं लगातार प्रयास कर रहा हूं पर परिणाम घट रहे हैं?
- क्या मेरा समय प्रबंधन इस सिद्धांत को ध्यान में रखता है?
- क्या मैं "अधिक प्रयास = अधिक परिणाम" के भ्रम में हूं?

11. मेरा उद्धरण (My Quote)

"परिणाम तब घटते हैं, जब प्रयास थक जाते हैं – विराम में ही प्रगति की नई शुरुआत छिपी होती है।" – डॉ. मुकेश अग्रवाल

12. निष्कर्ष (Conclusion)

Law of Diminishing Returns हमें यह सिखाता है कि हर चीज़ की एक सीमा होती है — और उस सीमा को पहचानना ही कुशलता है।
कम में अधिक पाने की कला ही जीवन को संतुलित और सार्थक बनाती है।

अनुभाग 7

सफलता, असफलता और लचीलापन

RESILIENCE THEORY

1. परिचय (INTRODUCTION)

RESILIENCE THEORY यह कहता है कि व्यक्ति, समुदाय या संगठन कितनी जल्दी और मजबूती से कठिनाइयों, आघातों और असफलताओं से उबर सकता है, यही उसकी "लचीलापन क्षमता" है।

यह सिद्धांत विपरीत परिस्थितियों में भी जीवन को दोबारा खड़ा करने की शक्ति सिखाता है।

2. जन्म (BIRTH)

इस सिद्धांत की जड़ें 1970 के दशक में मनोविज्ञान में पाई जाती हैं। NORMAN GARMEZY और बाद में ANN MASTEN जैसे मनोवैज्ञानिकों ने इसे विकसित किया, विशेषकर बच्चों और किशोरों के संदर्भ में जो कठिन परिवेश में पले-बढ़े।

3. कहानी (STORY)

हवाई के एक गांव में आए भूकंप में एक किशोरी सब कुछ खो बैठी – घर, परिवार, सपने।

लेकिन अगले कुछ वर्षों में वह नर्स बनी और उसी गांव में राहत कार्य में लगी।

वो बच्ची थी – लचीलापन का जीवंत उदाहरण।

4. विज्ञान (SCIENCE)

RESILIENCE एक मानसिक कौशल है जो मस्तिष्क की NEUROPLASTICITY से जुड़ा है।

कठिन समय में दिमाग नए रास्ते ढूंढता है, सीखता है, और फिर से संगठित होता है।

CORTISOL (STRESS HORMONE) के नियंत्रण में यह भूमिका निभाता है।

5. दर्शन (PHILOSOPHY)

दर्शन में कहा गया है:
"विपत्ति ही अवसर है।"
स्टोइक विचारधारा भी सिखाती है कि दुख हमें भीतर से मजबूत बनाता है।

6. आध्यात्मिकता (SPIRITUALITY)

गीता कहती है — "समत्वं योग उच्यते।"
सफलता और विफलता दोनों में समान रहने वाला व्यक्ति ही सच्चा योगी है।
लचीलापन आध्यात्मिक सहनशीलता का ही विस्तार है।

7. मेरा दृष्टिकोण (MY PERSPECTIVE)

मैंने देखा है कि सफलता से ज़्यादा, इंसान को उसकी असफलता गढ़ती है।
लचीलापन वह आत्मशक्ति है जो गिरने के बाद भी हमें उठने का साहस देती है – खुद के भीतर से।

8. उपयोगिता (USEFULNESS)

- कठिनाइयों का सामना करने में सहायक
- आत्मविश्वास और मानसिक शक्ति बढ़ती है
- बच्चों और युवाओं में CHARACTER BUILDING
- PTSD, DEPRESSION और ANXIETY में RECOVERY में मददगार

9. अभ्यास (PRACTICE)

- JOURNALING: हर कठिन समय के बाद खुद से पूछें – "मैंने क्या सीखा?"
- MEDITATION और BREATHWORK
- ROLE MODELS की कहानियाँ पढ़ना
- SELF-AFFIRMATIONS: "मैं संभल सकता हूँ"
- SUPPORT SYSTEM बनाना (दोस्त, परिवार)

10. चिंतन (REFLECTION)

- मेरी ज़िंदगी की कौन-सी मुश्किलें मुझे मजबूत बना गईं?
- क्या मैं बार-बार गिरने के बावजूद उठता हूं?
- क्या मैं दूसरों को भी RESILIENCE सिखा पा रहा हूँ?

11. मेरा उद्धरण (MY QUOTE)

"लचीलापन वो दीपक है जो तूफान में भी बुझता नहीं – बल्कि और अधिक रोशन हो जाता है।" – डॉ. मुकेश अग्रवाल

12. निष्कर्ष (CONCLUSION)

RESILIENCE THEORY हमें सिखाता है कि ताकत सिर्फ जीतने में नहीं, बल्कि हार के बाद खड़े हो पाने की क्षमता में छुपी होती है।
कठिनाइयाँ जीवन का हिस्सा हैं – पर हार मान लेना हमारी पसंद होती है।
लचीलापन अपनाइए, जीवन को फिर से रचिए।

1. परिचय (INTRODUCTION)

ANTI-FRAGILITY का अर्थ है ऐसी प्रणाली, विचार या व्यक्ति जो सिर्फ टूटने से बचता नहीं बल्कि झटकों, असफलताओं और तनावों से और अधिक ताकतवर बनता है।

यह अवधारणा हमें सिखाती है कि हम कठिनाइयों से डरें नहीं, बल्कि उनसे बेहतर बनें।

2. जन्म (BIRTH)

ANTI-FRAGILITY की अवधारणा प्रसिद्ध विचारक और लेखक NASSIM NICHOLAS TALEB ने अपनी किताब "ANTIFRAGILE: THINGS THAT GAIN FROM DISORDER" (2012) में दी।

यह "BLACK SWAN" सिद्धांत का अगला स्तर था।

3. कहानी (STORY)

प्राचीन पौराणिक ग्रीक पक्षी PHOENIX आग में जलकर नष्ट होता था लेकिन फिर उसी राख से पुनर्जन्म लेता था — और हर बार और शक्तिशाली होकर लौटता था।

PHOENIX = ANTI-FRAGILE.

4. विज्ञान (SCIENCE)

जीव विज्ञान में देखा गया है कि मांसपेशियाँ STRESS और TENSION से टूटती हैं, लेकिन उचित आराम और पोषण से वे पहले से भी मजबूत बनती हैं।

यही ANTI-FRAGILITY का जैविक रूप है।

5. दर्शन (PHILOSOPHY)

स्टोइक दर्शन का मूल मंत्र है:

"संकट ही अवसर है।"

वे मानते थे कि जो व्यक्ति अपने दुखों को समझदारी से अपनाता है, वह न केवल बचता है, बल्कि उसमें निखार आता है।

6. आध्यात्मिकता (SPIRITUALITY)

भारतीय उपनिषदों और श्रीमद्भगवद्गीता में भी यही भाव है —
"जो मुझे मार नहीं सकता, वही मुझे अमरत्व की ओर ले जाता है।"
ध्यान, संयम, और तपस्या — ये सब ANTI-FRAGILE प्रवृत्ति को जन्म देते हैं।

7. मेरा दृष्टिकोण (MY PERSPECTIVE)

मेरे अनुभव में, सबसे बेहतरीन इनसान वही बनता है जिसने जिंदगी के थपेड़ों को स्वीकार किया, उससे सीखा और पहले से ज्यादा तेज, गहरा और उपयोगी बन गया।
ANTI-FRAGILITY आत्म-विकास का अगला स्तर है।

8. उपयोगिता (USEFULNESS)

- जीवन में UNCERTAINTY से डरना कम होता है
- CREATIVITY और INNOVATION बढ़ती है
- EMOTIONAL और PSYCHOLOGICAL STRENGTH में इज़ाफा
- किसी भी क्षेत्र (व्यवसाय, रिश्ते, स्वास्थ्य) में टिकाऊ सफलता

9. अभ्यास (PRACTICE)

छोटे-छोटे VOLUNTARY CHALLENGES लेना (E.G., COLD SHOWER, DIGITAL FASTING)
असफलता को CELEBRATE करना
"क्या मैंने आज DISCOMFORT को गले लगाया?" – इस प्रश्न से दिन की शुरुआत
RISK ANALYSIS + OPPORTUNITY SPOTTING
अपने कम्फर्ट ज़ोन से बार-बार बाहर निकलना

10. चिंतन (REFLECTION)

- क्या मैं हर SETBACK को COMEBACK में बदल पा रहा हूँ?
- क्या मैं FAILURE को FUEL बना रहा हूँ या डर?
- क्या मेरी सोच TOUGH SITUATIONS से और REFINE होती है?

11. मेरा उद्धरण (MY QUOTE)

"जिन्हें ठोकरें लगती हैं, वही रास्ते बनाते हैं। ANTI-FRAGILITY, हार की गोद में जीत का जन्म है।" – डॉ. मुकेश अग्रवाल

12. निष्कर्ष (CONCLUSION)

ANTI-FRAGILITY सिर्फ एक सिद्धांत नहीं, जीवन का दृष्टिकोण है —
कठिनाइयाँ हमें परखती हैं, लेकिन उनसे पार पाना ही हमें असाधारण बनाता है।
RESILIENCE हमें गिरने से रोकता है —
ANTI-FRAGILITY हमें गिरकर और ऊंचा उठना सिखाता है।

GRIT

1. परिचय (INTRODUCTION)

GRIT का अर्थ है – दीर्घकालीन जुनून और लगातार प्रयास का संगम।
यह सिर्फ कड़ी मेहनत नहीं, बल्कि लक्ष्य के प्रति अडिगता और हिम्मत से टिके रहने की मानसिकता है।

2. जन्म (BIRTH)

GRIT की अवधारणा को प्रसिद्ध मनोवैज्ञानिक ANGELA DUCKWORTH ने अपनी बेस्टसेलर किताब "GRIT: THE POWER OF PASSION AND PERSEVERANCE" (2016) में विस्तार से प्रस्तुत किया।

3. कहानी (STORY)

ANGELA ने स्कूल के छात्रों, सैन्य प्रशिक्षण में कैडेट्स, SPELLING BEE प्रतिभागियों पर अध्ययन किया।
उन्होंने पाया –
"जो जीतते हैं, वे सबसे प्रतिभाशाली नहीं होते, बल्कि सबसे ज़्यादा टिके रहने वाले होते हैं।"

4. विज्ञान (SCIENCE)

मस्तिष्क के PREFRONTAL CORTEX में "GOAL PERSISTENCE" से जुड़ा क्षेत्र सक्रिय रहता है जब हम GRIT दिखाते हैं।
न्यूरोप्लास्टिसिटी के ज़रिए निरंतर अभ्यास से दिमाग खुद को उसी लक्ष्य के अनुरूप ढाल लेता है।

5. दर्शन (PHILOSOPHY)

भगवद्गीता में अर्जुन की एकाग्रता और समर्पण GRIT का ही उदाहरण है।
"न हि कल्याणकृत्क्श्चिद् दुर्गतिं तात गच्छति"
- जो प्रयास करता है, वह कभी व्यर्थ नहीं जाता।

6. आध्यात्मिकता (SPIRITUALITY)

योग, तपस्या, साधना — सबमें GRIT आवश्यक है।

गहरे ध्यान में स्थिर रहने का अभ्यास आध्यात्मिक GRIT है।

7. मेरा दृष्टिकोण (MY PERSPECTIVE)

GRIT मेरे लिए वह अग्नि है जो हर बार असफलता की राख से फिर आशा की लौ जलाती है।

यह उस साधक की साधना है जो 100 बार गिरने के बाद भी 101वीं बार उठता है।

8. उपयोगिता (USEFULNESS)

- लक्ष्य पूर्ति में निरंतरता
- असफलता से घबराने की बजाय सीखने की आदत
- जीवन में संतुलन और मनोबल
- करियर, रिश्ते, स्वास्थ्य — हर क्षेत्र में सफलता की कुंजी

9. अभ्यास (PRACTICE)

- DAILY JOURNALING: "आज मैंने अपने लक्ष्य के लिए क्या किया?"
- LONG-TERM VISION BOARD बनाना
- TALENT पर नहीं, EFFORT EQUATION पर विश्वास करना:
- SKILL × EFFORT = ACHIEVEMENT
- "HARD THING RULE" अपनाना – रोज़ कोई कठिन कार्य चुनना

10. चिंतन (REFLECTION)

- क्या मैं अपने लक्ष्य के प्रति समर्पित हूँ?
- क्या मैं TEMPORARY MOTIVATION पर चलता हूँ या DEEP COMMITMENT से?
- मैं असफलता के बाद कितनी जल्दी वापसी करता हूँ?

11. मेरा उद्धरण (MY QUOTE)

"GRIT वो मंत्र है जो असंभव को साध्य बनाता है – यह हार से हार न मानने की आदत है।" – डॉ. मुकेश अग्रवाल

12. निष्कर्ष (CONCLUSION)

GRIT हमें याद दिलाता है कि प्रतिभा हार सकती है यदि उसमें निरंतरता का मेल न हो।

यह हमारी चरित्र शक्ति है — जो हर बार जीवन की परीक्षा में हमें उत्तीर्ण करती है।

सच्चा विजेता वही है जो थक कर नहीं, लक्ष्य पाकर रुकता है।

SURVIVORSHIP BIAS

1. परिचय (INTRODUCTION)
SURVIVORSHIP BIAS एक तर्कशीलता की भूल (LOGICAL FALLACY) है, जिसमें हम केवल सफल लोगों या चीज़ों को देखकर निष्कर्ष निकालते हैं, और असफल लोगों को नज़रअंदाज़ कर देते हैं।
इससे हमारी सोच आधे सच पर आधारित हो जाती है।

2. जन्म (BIRTH)
द्वितीय विश्व युद्ध के समय, जब अमेरिकी वायुसेना ने बमवर्षक विमानों की मरम्मत के लिए उनके बुलेट-हिट इलाकों को देखा, तो उन्होंने सिर्फ वापस लौटे हुए विमानों का विश्लेषण किया।
लेकिन गणितज्ञ ABRAHAM WALD ने समझाया:

"हमें नहीं देखना चाहिए कि कहाँ गोलियाँ लगीं, बल्कि कहाँ गोलियाँ नहीं लगीं और फिर भी विमान नहीं लौटा।"

3. कहानी (STORY)
कोई कहता है – "DROPOUTS ही सफल होते हैं — देखो, STEVE JOBS, BILL GATES!"
पर हम उन हज़ारों DROPOUTS को भूल जाते हैं जो असफल हुए।
यही SURVIVORSHIP BIAS है – केवल सफल उदाहरण देखकर नतीजा निकालना।

4. विज्ञान (SCIENCE)
यह COGNITIVE BIAS हमारे RETICULAR ACTIVATING SYSTEM में छिपे "PATTERN RECOGNITION" को प्रभावित करता है।
हमारा मस्तिष्क सफलताओं को ज्यादा याद रखता है — क्योंकि वे प्रेरणादायक, चमकदार और आमतौर पर ज़्यादा प्रचारित होती हैं।

5. दर्शन (PHILOSOPHY)

वेदांत कहता है –

"संपूर्ण सत्य वही है, जिसमें छाया भी सम्मिलित हो।"

सिर्फ उजाले की बात करना भी अज्ञान का ही एक रूप है।

6. आध्यात्मिकता (SPIRITUALITY)

- अनेक संतों की कहानियाँ मिलती हैं, पर उनके संघर्ष और जिनकी साधना अधूरी रह गई, वे कहानियाँ नहीं मिलतीं।
- पर परमात्मा दोनों को देखता है — प्रयत्न ही पूजा है।

7. मेरा दृष्टिकोण (MY PERSPECTIVE)

- SURVIVORSHIP BIAS एक धोखा है — चमकते उदाहरणों के पीछे छुपी हकीकत को न देख पाने का।
- मेरे लिए असफलता की कहानियाँ कहीं ज़्यादा ईमानदार शिक्षक हैं।
- मैं सीखता हूँ कि कौन से रास्ते पर न जाना बेहतर है।

8. उपयोगिता (USEFULNESS)

- निर्णय लेते समय व्यापक परिप्रेक्ष्य देता है
- स्टार्टअप, करियर या लाइफ चॉइस में संतुलन लाता है
- सच्चाई की गहराई से परिचय कराता है
- सफलता के पीछे की SURVIVOR FILTERING को समझने में मदद

9. अभ्यास (PRACTICE)

- "क्या मैं उन लोगों को भी देख रहा हूँ जो असफल हुए?"
- बायोग्राफ़ी पढ़ते समय, 'UNSEEN STRUGGLES' पर भी ध्यान देना
- DATA ANALYZE करते समय SELECTION BIAS को पहचानना
- अपने DECISIONS में EMOTIONS नहीं, LOGIC लगाना

10. चिंतन (REFLECTION)

क्या मैं केवल सफल उदाहरणों से प्रेरित हो रहा हूँ?

क्या मैं अपनी तुलना "WINNERS" से कर रहा हूँ, बिना उनके BACKGROUND को समझे?

क्या मैं हर असफलता को नजरअंदाज़ कर देता हूँ?

11. मेरा उद्धरण (MY QUOTE)
"जो पीछे छूट गए, उनके अनुभव ही वो अदृश्य नक्शा हैं जो हमें असली रास्ता दिखाते हैं।" – डॉ. मुकेश अग्रवाल

12. निष्कर्ष (CONCLUSION)
SURVIVORSHIP BIAS हमें अधूरी कहानी दिखाता है।
इसलिए ज़रूरी है कि हम सीखें – न सिर्फ सफल लोगों से, बल्कि असफलताओं की खामोशी से भी।
क्योंकि वो खामोशी कई बार ज़िंदगी की सबसे सच्ची आवाज़ होती है।

FAILURE AS FEEDBACK

1. परिचय (INTRODUCTION)
हम अक्सर असफलता को नाकामी मानते हैं, पर वास्तव में वह एक FEEDBACK SYSTEM है — जो हमें बता रहा है कि क्या काम नहीं कर रहा। यह GROWTH PROCESS का आवश्यक हिस्सा है।

2. जन्म (BIRTH)
इस विचार की जड़ें साइकोलॉजी, लर्निंग थ्योरी, और कोचिंग मॉडल्स (जैसे NLP – NEURO LINGUISTIC PROGRAMMING) में पाई जाती हैं, जहाँ कहा गया:

"THERE IS NO FAILURE, ONLY FEEDBACK."

3. कहानी (STORY)
THOMAS EDISON ने जब हजारों बार बल्ब बनाने में असफल हुए, तो कहा:
"I HAVE NOT FAILED. I'VE JUST FOUND 10,000 WAYS THAT WON'T WORK."
उनके लिए हर असफलता एक सूचना थी — जो उन्हें सही रास्ते की ओर ले जा रही थी।

4. विज्ञान (SCIENCE)
LEARNING PSYCHOLOGY के अनुसार, हमारा मस्तिष्क TRIAL-AND-ERROR से सीखता है।
NEURAL PATHWAYS तभी बनते हैं जब हम बार-बार प्रयास करते हैं, असफल होते हैं, और सुधार करते हैं।
FEEDBACK LOOP का यह हिस्सा "REINFORCEMENT LEARNING" में CORE है।

5. दर्शन (PHILOSOPHY)

गीता कहती है:

"कर्म करो, फल की चिंता मत करो।"

फल असफल हो तो भी, उसका अनुभव ही तो FEEDBACK है जो हमें नये कर्म के लिए तैयार करता है।

6. आध्यात्मिकता (SPIRITUALITY)

अध्यात्म में असफलता एक शिक्षक मानी जाती है।

गुरुनानक देव जी ने कहा:

"विफलता से ही विवेक आता है।"

प्रत्येक हार आत्मा को मांजती है, नया प्रकाश देती है।

7. मेरा दृष्टिकोण (MY PERSPECTIVE)

मेरे लिए असफलता शिक्षक है — आलोचक नहीं।

यह मुझे मेरे BLIND SPOTS दिखाती है, मेरी EGO को तोड़ती है और GROWTH को वास्तविक बनाती है।

मैंने खुद असफलताओं से ही दिशा बदली और नये आयाम देखे।

8. उपयोगिता (USEFULNESS)

- आत्ममूल्यांकन का मौका
- सुधार की दिशा दिखाता है
- साहस बढ़ाता है — "मैं फिर से कोशिश कर सकता हूँ"
- INNOVATION में सबसे ज़रूरी स्रोत है

9. अभ्यास (PRACTICE)

- हर असफलता पर सवाल करें: "मैंने क्या सीखा?"
- फेल होने के बाद "PAUSE, ANALYZE, ADJUST"
- JOURNALING करें – असफलता के बाद की सीख लिखें
- दूसरों की असफलताओं को सुनें और समझें

10. चिंतन (REFLECTION)

- क्या मैं असफलता से डरता हूँ या सीखता हूँ?
- क्या मैं FEEDBACK को गंभीरता से लेता हूँ या IGNORE करता हूँ?
- क्या मैंने अपनी पिछली गलतियों से सच में कुछ बदला है?

11. मेरा उद्धरण (MY QUOTE)

"असफलता वो दर्पण है, जो सच्चे सुधार का चेहरा दिखाता है।" – डॉ. मुकेश अग्रवाल

12. निष्कर्ष (CONCLUSION)

FAILURE कोई दीवार नहीं — एक खिड़की है, जिससे हमें सीखने की रोशनी मिलती है।

जब तक हम असफलताओं को FEEDBACK की तरह नहीं देखेंगे, तब तक सफलता सिर्फ एक भ्रम रह जाएगी।

सीखना है? तो गिरो। और फिर उठो — एक नई सीख के साथ।

SCARCITY VS ABUNDANCE MINDSET

1. परिचय (INTRODUCTION)
हमारे सोचने के दो प्रमुख तरीके होते हैं:
SCARCITY MINDSET – "कमी है, बचाओ, डरो।"
ABUNDANCE MINDSET – "पर्याप्त है, बांटो, बढ़ो।"
ये दो मानसिकताएँ हमारे निर्णय, रिश्ते, और सफलता की दिशा तय करती हैं।

2. जन्म (BIRTH)
इस सिद्धांत को लोकप्रिय बनाने का श्रेय STEPHEN R. COVEY को जाता है, जिन्होंने अपनी पुस्तक "THE 7 HABITS OF HIGHLY EFFECTIVE PEOPLE" में इसे स्पष्ट रूप से समझाया।

3. कहानी (STORY)
एक क्लास में एक टीचर ने बच्चों से पूछा:
  "अगर तुम एक दिए गए ज्ञान को किसी और के साथ बांटो तो क्या वो कम हो जाएगा?"
बच्चे बोले: "नहीं!"
टीचर बोले: "यही है ABUNDANCE THINKING — KNOWLEDGE, LOVE, AND KINDNESS हमेशा बढ़ते हैं जब बांटे जाते हैं।"

4. विज्ञान (SCIENCE)
NEUROSCIENCE बताता है कि SCARCITY THINKING लगातार AMYGDALA को एक्टिव रखता है — जो SURVIVAL MODE में डर, ईर्ष्या और तुलना को बढ़ाता है।
जबकि ABUNDANCE THINKING से PREFRONTAL CORTEX एक्टिव होता है — जो CREATIVITY, EMPATHY और RATIONALITY से जुड़ा है।

5. दर्शन (PHILOSOPHY)

उपनिषद् कहते हैं:
   "पूर्णमदः पूर्णमिदं पूर्णात् पूर्णमुदच्यते।"
यानि ब्रह्मांड में सब कुछ पूर्ण है — कोई कमी नहीं।
ABUNDANCE दर्शन का आधार है – "सबके लिए पर्याप्त है।"

6. आध्यात्मिकता (SPIRITUALITY)

धर्मों में ईश्वर को दयालु, दाता और सर्वव्यापी कहा गया है।
सच्चा भक्त जानता है कि ब्रह्मांड में सब कुछ भरपूर है – प्रेम, अवसर, ऊर्जा।
कमी केवल हमारे दृष्टिकोण में होती है।

7. मेरा दृष्टिकोण (MY PERSPECTIVE)

मैंने पाया कि जब मैं SCARCITY में सोचता हूँ, तो मेरी ऊर्जा सिकुड़ती है।
लेकिन जब मैं ABUNDANCE में सोचता हूँ – "दूसरों को देने से मेरा कुछ कम नहीं होगा," तब मैं ज़्यादा सीखता, साझा करता और जीतता हूँ।

8. उपयोगिता (USEFULNESS)

- तनाव कम होता है
- संबंधों में ईर्ष्या नहीं, सहयोग बढ़ता है
- सफलता को "ZERO-SUM GAME" नहीं माना जाता
- INNOVATION और CREATIVITY बढ़ती है

9. अभ्यास (PRACTICE)

- दूसरों की सफलता पर ईर्ष्या नहीं, सराहना करें
- DAILY GRATITUDE JOURNALING करें
- AFFIRMATIONS बोलें: "मेरे पास पर्याप्त है और मैं दूसरों के लिए प्रेरणा हूँ।"
- RESOURCES को COMPETITION नहीं, COLLABORATION की दृष्टि से देखें

10. चिंतन (REFLECTION)

- क्या मैं सोचता हूँ कि दूसरों की सफलता मेरी हार है?
- क्या मैं बिना डर के किसी की मदद करता हूँ?
- क्या मैं रोज़ आभार प्रकट करता हूँ?

11. मेरा उद्धरण (MY QUOTE)

"कमी में जीने वाला हर वक्त डरता है, भरपूर सोचने वाला हर पल बढ़ता है।" – डॉ. मुकेश अग्रवाल

12. निष्कर्ष (CONCLUSION)

- SCARCITY हमें सिकोड़ता है, ABUNDANCE हमें खोलता है।
- अवसर, प्रेम, सफलता — ये सीमित नहीं हैं।
- सोच बदलिए, जीवन बदलेगा।
- क्योंकि ब्रह्मांड सीमित नहीं — अपार है।

1. परिचय (INTRODUCTION)

FLOW एक मानसिक अवस्था है जब इंसान पूरी तरह अपने कार्य में डूबा होता है — न थकान महसूस होती है, न समय का अहसास होता है।
यह "ZONE" कहलाने वाली अवस्था होती है जहाँ व्यक्ति अपने कौशल और चुनौती के बीच अद्भुत संतुलन में होता है।

2. जन्म (BIRTH)

FLOW को 1970 के दशक में MIHALY CSIKSZENTMIHALYI नामक मनोवैज्ञानिक ने परिभाषित किया।
उनके रिसर्च में पाया गया कि कलाकार, खिलाड़ी, वैज्ञानिक जब अपने श्रेष्ठतम प्रदर्शन में होते हैं, तो वो FLOW में होते हैं।

3. कहानी (STORY)

एक चित्रकार घंटों पेंटिंग करता रहा। न भूख लगी, न प्यास।
किसी ने पूछा: "तुम थके नहीं?"
वो बोला: "थकने का समय ही कहाँ था!"
वह FLOW में था — जहाँ शरीर थकता नहीं, आत्मा उड़ती है।

4. विज्ञान (SCIENCE)

FLOW में आने पर DOPAMINE और NOREPINEPHRINE जैसे न्यूरोट्रांसमीटर्स रिलीज़ होते हैं, जो फोकस, मोटिवेशन और आनंद को बढ़ाते हैं।
PREFRONTAL CORTEX कुछ समय के लिए DEACTIVATE होता है — जिससे हम आत्म-चिंतन से मुक्त होकर वर्तमान में जीते हैं।

5. दर्शन (PHILOSOPHY)

गीता में श्रीकृष्ण कहते हैं:

"कर्म करो, फल की चिंता मत करो।"

FLOW भी यही सिखाता है – परिणाम की चिंता छोड़ो, क्रिया में रम जाओ।

बुद्ध ने भी "ध्यान" को FLOW से जोड़ा।

6. आध्यात्मिकता (SPIRITUALITY)

- FLOW अवस्था ध्यान का आधुनिक रूप है।
- जब साधक ध्यान में होता है, तो वह समय, शरीर, और अहं से ऊपर उठ जाता है – यही FLOW है।
- ईश्वर के साथ जुड़ने का अनुभव भी एक गहरा FLOW होता है।

7. मेरा दृष्टिकोण (MY PERSPECTIVE)

जब मैं लिखता हूँ, पढ़ाता हूँ, या सर्जनात्मक काम करता हूँ – तो समय रुक जाता है।

मैंने समझा कि FLOW वही है जहाँ आत्मा अपनी पूर्ण क्षमता से नाचती है।

8. उपयोगिता (USEFULNESS)

- गहरा आनंद और संतोष मिलता है
- उत्पादकता और गुणवत्ता बढ़ती है
- BURNOUT कम होता है
- रचनात्मकता और नवाचार बढ़ते हैं

9. अभ्यास (PRACTICE)

- कार्य चुनें जो न ज्यादा आसान हो, न असंभव — चुनौतीपूर्ण और आकर्षक हों
- सोशल मीडिया और ध्यान भटकाने वाली चीजें बंद करें
- तय समय पर काम शुरू करें (TIME-BLOCKING)
- नियमित अभ्यास करें — FLOW की आवृत्ति बढ़ती है

10. चिंतन (REFLECTION)

- कौन से कार्य में मैं खुद को खो देता हूँ?
- कब मैं आखिरी बार समय का भान भूला था?
- क्या मैं रोज़ कुछ समय FLOW में बिताता हूँ?

11. मेरा उद्धरण (MY QUOTE)

"FLOW वो प्रार्थना है जिसमें कर्म ही पूजा बन जाता है।" – डॉ. मुकेश अग्रवाल

12. निष्कर्ष (CONCLUSION)

FLOW वो रहस्य है जो इंसान को उसके सर्वोत्तम स्वरूप तक पहुँचाता है। यह ध्यान, कर्म और रचना का संगम है।

जब आप FLOW में होते हैं — आप ब्रह्मांड के साथ तालमेल में होते हैं।

खुद को पाओ, FLOW में जाओ

GOAL-SETTING THEORY

1. परिचय (INTRODUCTION)
GOAL-SETTING THEORY यह कहती है कि स्पष्ट, चुनौतीपूर्ण और मापने योग्य लक्ष्य किसी व्यक्ति के प्रदर्शन को बेहतर बनाते हैं।
जब लक्ष्य स्पष्ट होता है, तो मन और मस्तिष्क उस दिशा में जुट जाते हैं।

2. जन्म (BIRTH)
यह सिद्धांत 1968 में मनोवैज्ञानिक EDWIN LOCKE ने पेश किया।
उन्होंने शोध के आधार पर बताया कि SPECIFIC और DIFFICULT GOALS व्यक्ति को अधिक प्रेरित करते हैं।

3. कहानी (STORY)
एक किसान था जो हर साल सामान्य उपज लेता था।
एक दिन उसने अपने बेटे से कहा – "अब इस बार हम सबसे अधिक उपज का लक्ष्य बनाएंगे।"
उन्होंने दिन-रात मेहनत की, नई तकनीकें अपनाईं – और गाँव में सबसे अधिक फसल हुई।
लक्ष्य ने उन्हें दिशा और ऊर्जा दी।

4. विज्ञान (SCIENCE)
जब हम लक्ष्य बनाते हैं, तो हमारा DOPAMINERGIC SYSTEM सक्रिय हो जाता है।
SPECIFIC GOALS मस्तिष्क के रिवार्ड सिस्टम को प्रेरित करते हैं, जिससे ऊर्जा, एकाग्रता और दृढ़ता बढ़ती है।
SMART GOALS (SPECIFIC, MEASURABLE, ACHIEVABLE, RELEVANT, TIME-BOUND) सबसे प्रभावी माने जाते हैं।

5. दर्शन (PHILOSOPHY)
उपनिषदों में कहा गया है:
  "यथा चिन्त्यं तथा भवति।"
जैसा आप सोचते हैं, वैसा ही बनते हैं।
गोल बनाना आत्म-निर्माण की शुरुआत है।

महाभारत में अर्जुन का "मछली की आंख" लक्ष्य हमें लक्ष्य-केन्द्रितता का दर्शन सिखाता है।

6. आध्यात्मिकता (SPIRITUALITY)
साधना, तप और ध्यान भी लक्ष्य पर केंद्रित होते हैं।
भगवत गीता कहती है –
  "स्थिर बुद्धि बनो, लक्ष्य से न डिगो।"
धार्मिक ग्रंथों में भी जीवन के चार पुरुषार्थ (धर्म, अर्थ, काम, मोक्ष) को लक्ष्य के रूप में देखा गया है।

7. मेरा दृष्टिकोण (MY PERSPECTIVE)
- मुझे लगता है कि लक्ष्य जीवन का दिशा-सूचक है।
- बिना लक्ष्य के मनुष्य दिशाहीन होता है।
- लक्ष्य ही जीवन में स्पष्टता और प्रेरणा लाता है।

8. उपयोगिता (USEFULNESS)
- प्रेरणा और आत्मविश्वास बढ़ता है
- समय का सदुपयोग होता है
- सफलता को मापा जा सकता है
- PROCRASTINATION कम होता है
- टीम और संगठन की दक्षता बढ़ती है

9. अभ्यास (PRACTICE)
- अपने जीवन के बड़े और छोटे लक्ष्य लिखिए
- SMART FORMAT में उन्हें बाँधिए
- उन्हें रोज़ देखिए और अपडेट कीजिए
- उन्हें छोटी ACTIONABLE STEPS में तोड़िए
- CELEBRATE SMALL WINS TO STAY MOTIVATED

10. चिंतन (REFLECTION)
- क्या मेरे लक्ष्य स्पष्ट हैं?
- क्या वे मुझसे जुड़े हुए हैं या सिर्फ समाज ने दिए हैं?
- क्या मैं हर दिन अपने लक्ष्य की दिशा में काम करता हूँ?

11. मेरा उद्धरण (MY QUOTE)

"लक्ष्य वह आग है, जिसमें सपनों की रोटियाँ सिकती हैं।" – डॉ. मुकेश अग्रवाल

12. निष्कर्ष (CONCLUSION)

GOAL-SETTING केवल योजना नहीं, एक जीवन शैली है।
यह आपको अपने श्रेष्ठतम स्वरूप की ओर प्रेरित करता है।
लक्ष्य बनाओ, टूटो नहीं, झुको नहीं — और तब तक चलो जब तक मंज़िल मिल न जाए।
क्योंकि लक्ष्य ही तुम्हारी आत्मा की दिशा है।

WILLPOWER DEPLETION

1. परिचय (INTRODUCTION)

WILLPOWER DEPLETION का सिद्धांत बताता है कि हमारी आत्म-नियंत्रण (SELF-CONTROL) की क्षमता सीमित होती है।
जैसे-जैसे हम दिन भर निर्णय लेते हैं, इच्छाशक्ति घटती जाती है – जिससे थकावट, गलत निर्णय या असंयम की संभावना बढ़ती है।

2. जन्म (BIRTH)

यह विचार पहली बार 1998 में ROY BAUMEISTER के शोध में सामने आया।
उन्होंने इसे "EGO DEPLETION" कहा – यानी आत्मबल की थकान।

3. कहानी (STORY)

एक व्यक्ति ने सुबह जिम, फिर मीठा न खाने का प्रण लिया।
दोपहर तक उसने कई प्रलोभनों का विरोध किया, लेकिन रात को उसने पूरा केक खा लिया।
यह WILLPOWER DEPLETION का सीधा उदाहरण है।

4. विज्ञान (SCIENCE)

मस्तिष्क की PREFRONTAL CORTEX इच्छाशक्ति को नियंत्रित करती है।
जैसे मांसपेशियाँ व्यायाम से थकती हैं, इच्छाशक्ति भी निरंतर प्रयोग से थकती है।
BLOOD GLUCOSE की कमी भी इसे प्रभावित करती है।
इसलिए निर्णय थकान (DECISION FATIGUE) असंतुलन पैदा करती है।

5. दर्शन (PHILOSOPHY)

भगवद गीता में अर्जुन कहता है,
 "मन बड़ा चंचल है।"
ध्यान, अनुशासन और संयम से इच्छाशक्ति का विकास होता है।
विवेकानंद ने कहा –
"उठो, जागो और तब तक मत रुको जब तक लक्ष्य न प्राप्त हो।"
यह इच्छाशक्ति की श्रेष्ठ अवस्था है।

6. आध्यात्मिकता (SPIRITUALITY)

* ध्यान, प्रार्थना और जप इच्छाशक्ति को पुनः ऊर्जा देते हैं।
* संतों ने हमेशा आत्मसंयम को आत्मविकास का आधार माना है।
* आंतरिक शक्ति की साधना – इच्छाशक्ति को असीम बनाती है।

7. मेरा दृष्टिकोण (MY PERSPECTIVE)

मेरे अनुसार इच्छाशक्ति सीमित नहीं, बल्कि उसका प्रबंधन करना आना चाहिए।

सुबह के समय बड़े निर्णय लेना, और दिनभर में कुछ नो-डिसिजन ज़ोन रखना चाहिए।

इच्छाशक्ति का RECHARGE भी जरूरी है।

8. उपयोगिता (USEFULNESS)

समय और निर्णय लेने की गुणवत्ता बेहतर होती है

आदतों को सुधारने में मदद

व्यसन से बचाव

फोकस और स्थिरता बढ़ती है

PRODUCTIVITY में वृद्धि होती है

9. अभ्यास (PRACTICE)

* सुबह की दिनचर्या में निर्णय कम रखें
* HEALTHY SNACKS लें – GLUCOSE संतुलन बनाए
* MEDITATION करें – मानसिक ऊर्जा बढ़ती है
* IMPORTANT TASKS पहले करें
* UNNECESSARY DECISIONS टालें

10. चिंतन (REFLECTION)

* क्या मैं बेवजह की चीजों पर इच्छाशक्ति खर्च कर रहा हूँ?
* क्या मैं अपनी इच्छाशक्ति को RECHARGE करता हूँ?
* क्या मैं जानता हूँ कि मेरी DAY-ENDING DECISIONS कमजोर क्यों होती हैं?

11. मेरा उद्धरण (MY QUOTE)

"इच्छाशक्ति सागर है, लेकिन हर लहर सोच-समझकर चलानी होती है।" –
डॉ. मुकेश अग्रवाल

12. निष्कर्ष (CONCLUSION)

WILLPOWER DEPLETION हमें यह सिखाता है कि इच्छाशक्ति असीम नहीं,
पर अक्षय बन सकती है – सही जीवन शैली और अनुशासन से।
समझदारी से निर्णय लें, ENERGY को बचाएँ और स्वयं पर विश्वास बनाए
रखें।
क्योंकि इच्छाशक्ति ही आत्मा का ब्रेक और एक्सीलेरेटर दोनों है।
बहुत बढ़िया!

1. परिचय (INTRODUCTION)

THE DIP एक ऐसा दौर है जब कोई भी व्यक्ति, कार्य या यात्रा शुरुआत के जोश के बाद एक कठिन मोड़ पर पहुँचता है – जहाँ उत्साह घटता है, संदेह बढ़ता है, और छोड़ देने का मन होता है।

SETH GODIN का यह सिद्धांत बताता है कि सफलता उन्हीं को मिलती है जो इस DIP को पार करते हैं।

2. जन्म (BIRTH)

2007 में SETH GODIN ने THE DIP: A LITTLE BOOK THAT TEACHES YOU WHEN TO QUIT (AND WHEN TO STICK) नामक किताब में इस विचार को प्रस्तुत किया।

यह सिद्धांत विशेष रूप से PERSONAL DEVELOPMENT, BUSINESS और GOAL ACHIEVEMENT के संदर्भ में बहुत उपयोगी है।

3. कहानी (STORY)

एक युवक गिटार सीखता है।

पहले हफ्ते में वह बहुत जोश में रहता है, लेकिन कुछ समय बाद उसकी उंगलियाँ दुखती हैं, धुन नहीं बनती, और सीखना कठिन लगने लगता है – यह है उसका DIP।

जो उसे पार करेगा, वही अच्छा गिटारिस्ट बनेगा।

4. विज्ञान (SCIENCE)

ब्रेन REWARD SYSTEM शुरुआत में DOPAMINE से प्रेरित होता है। जैसे-जैसे चुनौतियाँ आती हैं और परिणाम देर से मिलते हैं, MOTIVATION घटता है।

PERSEVERANCE और DELAYED GRATIFICATION की NEUROSCIENCE यही DIP को पार करने की कुंजी है।

5. दर्शन (PHILOSOPHY)

गीता में श्रीकृष्ण कहते हैं –

"कर्म करो, फल की चिंता मत करो।"

DIP में यही भाव जरूरी होता है – जहाँ फल दिख नहीं रहा, पर कर्म करते रहना ही धर्म है।

बुद्ध ने भी कहा –

"धैर्य सबसे बड़ी तपस्या है।"

6. आध्यात्मिकता (SPIRITUALITY)

- DIP आत्मा की परीक्षा है।
- यह हमें भीतर झांकने का अवसर देता है।
- DIP में जब व्यक्ति ध्यान, प्रार्थना और आत्मविश्वास से जुड़ता है, तभी वह उस अंधकार से उजाले की ओर बढ़ता है।

7. मेरा दृष्टिकोण (MY PERSPECTIVE)

- DIP जीवन की वास्तविकता है।
- हर सफलता की कहानी में यह मध्य का हिस्सा होता है – जो बाहर से दिखता नहीं लेकिन भीतर बहुत कुछ बदलता है।
- मैंने DIP को EMBRACE करना सीखा – वही मेरी GROWTH की असली प्रयोगशाला बन गई।

8. उपयोगिता (USEFULNESS)

LONG-TERM GOALS में PERSEVERANCE लाता है

निर्णय लेने की CLARITY मिलती है – कहाँ STICK करना है, कहाँ QUIT

EMOTIONAL MATURITY बढ़ती है

यह सिखाता है कि SHORT-TERM PAIN, LONG-TERM GAIN की राह है

9. अभ्यास (PRACTICE)

DIP को पहचानें: क्या यह TEMPORARY STRUGGLE है या PERMANENT DEAD END?

- SUPPORT SYSTEM बनाएं
- MICRO-GOALS पर ध्यान दें
- अपने WHY को रोज़ याद करें

- JOURNALING और MEDITATION से खुद को स्थिर करें

10. चिंतन (REFLECTION)
- क्या मैंने पहले किसी DIP को पार किया है?
- क्या मैं जल्द हार मान लेता हूँ या लगातार प्रयास करता हूँ?
- क्या यह DIP मेरे GROWTH का द्वार बन सकता है?

11. मेरा उद्धरण (MY QUOTE)
"हर DIP, सफलता की चुप सी परीक्षा है – जो रुका, वो रुका रह गया। जो चला, वो चल पड़ा।" – डॉ. मुकेश अग्रवाल

12. निष्कर्ष (CONCLUSION)
THE DIP कोई रुकावट नहीं, एक छुपा हुआ औजार है – जो कमजोरों को अलग करता है और विजेताओं को तैयार करता है।
डिप से डरिए मत, उसे पहचानिए, स्वीकारिए और पार कर जाइए – सफलता उस पार खड़ी प्रतीक्षा कर रही है।

अनुभाग 8

सामाजिक संरचना और सभ्यता की समझ

TRAGEDY OF THE COMMONS

1. परिचय (INTRODUCTION)

TRAGEDY OF THE COMMONS एक सामाजिक-आर्थिक सिद्धांत है जो बताता है कि जब सार्वजनिक संसाधनों का उपयोग बिना ज़िम्मेदारी और संयम के किया जाता है, तो वे समाप्त हो जाते हैं — और अंततः सभी का नुकसान होता है।

यह सिद्धांत पर्यावरण, जल, जंगल, इंटरनेट बैंडविड्थ से लेकर समय और ध्यान जैसे अमूर्त संसाधनों तक लागू होता है।

2. जन्म (BIRTH)

यह विचार सबसे पहले 1833 में WILLIAM FORSTER LLOYD द्वारा प्रस्तुत हुआ था, और 1968 में GARRETT HARDIN ने इसे प्रसिद्ध रूप में वैज्ञानिक पत्रिका SCIENCE में प्रकाशित किया।

3. कहानी (STORY)

इंग्लैंड के एक गाँव में एक चरागाह (COMMON GRAZING LAND) था। हर किसान अपनी गाय वहाँ चराने ले जाता था।

हर किसान चाहता था कि उसकी गाय ज़्यादा खाए, लेकिन जब सभी ने ऐसा किया, तो घास खत्म हो गई और सारी गायें भूखी रह गईं।

यह है TRAGEDY OF THE COMMONS – जब हर कोई अपने फायदे के लिए सोचता है, तो सामूहिक नुकसान होता है।

4. विज्ञान (SCIENCE)

मानव व्यवहार में SHORT-TERM REWARD SEEKING और LIMITED FORESIGHT की प्रवृत्ति होती है।

DOPAMINE-DRIVEN GRATIFICATION हमें तत्काल लाभ की ओर खींचता है।

COLLECTIVE ACTION और SUSTAINABILITY के लिए BEHAVIORAL ECONOMICS और GAME THEORY जैसे क्षेत्र SOLUTIONS प्रदान करते हैं।

5. दर्शन (PHILOSOPHY)

दार्शनिक थॉमस हॉब्स ने कहा था – "मनुष्य स्वभावतः स्वार्थी है, इसलिए समाज के लिए अनुशासन ज़रूरी है।"

यह सिद्धांत यही दर्शाता है कि स्वतंत्रता बिना ज़िम्मेदारी के, विनाश की ओर ले जाती है।

कांत का नैतिक सिद्धांत "CATEGORICAL IMPERATIVE" भी इसी विचार को समर्थन देता है – कि कोई कार्य ऐसा हो जिसे सब करें, तो समाज को लाभ हो।

6. आध्यात्मिकता (SPIRITUALITY)

वेदों और उपनिषदों में "सर्वे भवन्तु सुखिनः" का भाव है।

ईशावास्य उपनिषद कहता है – "इस संसार में सब कुछ ईश्वर का है, अतः भोग करते समय संयम रखें।"

सार्वजनिक संसाधनों की रक्षा करना आध्यात्मिक कर्तव्य भी है।

7. मेरा दृष्टिकोण (MY PERSPECTIVE)

मैंने देखा है कि समय, ध्यान और भरोसा भी COMMONS की तरह हैं – यदि हर कोई केवल अपना लाभ उठाने लगे, तो संबंध, समुदाय और समाज टूट जाते हैं।

साझा ज़िम्मेदारी ही दीर्घकालिक सफलता का आधार है – चाहे वो पर्यावरण हो या संबंध।

8. उपयोगिता (USEFULNESS)

- पर्यावरण संरक्षण की नीतियों को समझने में
- कंपनी, संस्था या टीम में SHARED RESOURCES के उपयोग में
- समय और ध्यान जैसे सीमित संसाधनों के प्रबंधन में
- डिजिटल PLATFORMS, BANDWIDTH, और डाटा PRIVACY में

9. अभ्यास (PRACTICE)

- USE LESS, NEED LESS सिद्धांत अपनाएं
- संसाधनों के लिए सामूहिक नियम बनाएं
- व्यक्तिगत लाभ की बजाय दीर्घकालिक सामूहिक सोच अपनाएं
- बच्चों और युवाओं को SUSTAINABILITY की शिक्षा दें

- ज़िम्मेदारी और OWNERSHIP को बढ़ावा दें

10. चिंतन (REFLECTION)
- क्या मैं सार्वजनिक संसाधनों के प्रति सजग हूँ?
- क्या मैं केवल अपने फायदे के लिए सोचता हूँ?
- क्या मेरा आचरण समाज के लिए हानिकर है या हितकारी?

11. मेरा उद्धरण (MY QUOTE)
"साझे संसाधनों की रक्षा, साझे भविष्य की गारंटी है।" – डॉ. मुकेश अग्रवाल

12. निष्कर्ष (CONCLUSION)
TRAGEDY OF THE COMMONS हमें यह सिखाता है कि व्यक्तिगत स्वतंत्रता के साथ सामाजिक ज़िम्मेदारी जुड़ी होनी चाहिए।
यदि हम सभी मिलकर साझा संसाधनों की रक्षा करें, तो एक सुरक्षित, समृद्ध और संतुलित भविष्य संभव है।

BROKEN SYSTEM THEORY

1. परिचय (INTRODUCTION)

BROKEN SYSTEM THEORY इस विचार को दर्शाता है कि जब कोई व्यवस्था (SYSTEM) बार-बार असफल होती है, तो दोष केवल व्यक्ति या उपयोगकर्ता का नहीं होता, बल्कि खुद सिस्टम में ही गड़बड़ी होती है।

यह सिद्धांत शिक्षा, स्वास्थ्य, राजनीति, न्याय प्रणाली, आर्थिक व्यवस्था जैसे कई क्षेत्रों पर लागू होता है।

2. जन्म (BIRTH)

इस विचार की जड़ें SYSTEMS THINKING और INSTITUTIONAL CRITIQUE में हैं।

समाजशास्त्रियों, मनोवैज्ञानिकों और नीति-निर्माताओं ने इस सिद्धांत को धीरे-धीरे विकसित किया।

PETER SENGE और DONELLA MEADOWS जैसे सिस्टम थिंकरों ने इसकी नींव मजबूत की।

3. कहानी (STORY)

एक स्कूल में हर साल 40% छात्र फेल हो जाते थे। शिक्षक, माता-पिता और छात्र – सभी को दोषी ठहराया गया।

लेकिन जब जांच हुई तो पाया गया कि पाठ्यक्रम अव्यवहारिक था, शिक्षकों को समय पर प्रशिक्षण नहीं मिलता था और संसाधनों की भारी कमी थी।

यह केवल छात्रों की नाकामी नहीं थी – यह एक "BROKEN SYSTEM" की निशानी थी।

4. विज्ञान (SCIENCE)

सिस्टम्स थ्योरी कहती है कि किसी भी संगठन का आउटपुट उसके इनपुट, प्रोसेस और फीडबैक लूप पर निर्भर करता है।

जब सिस्टम का कोई हिस्सा निष्क्रिय या दोषपूर्ण होता है, तो संपूर्ण आउटपुट प्रभावित होता है।

FEEDBACK LOOPS और BOTTLENECKS को पहचानकर सुधार किया जा सकता है।

5. दर्शन (PHILOSOPHY)

दार्शनिक JOHN RAWLS और AMARTYA SEN ने भी संस्थागत अन्याय (INSTITUTIONAL INJUSTICE) की बात की है।
यदि सिस्टम असमान अवसर या पक्षपात को बढ़ावा दे, तो व्यक्ति कितना भी प्रयास करे, वह असफल ही होता है।

6. आध्यात्मिकता (SPIRITUALITY)

भगवद्गीता कहती है – "समूह का धर्म सबसे ऊपर है।"
धार्मिक संस्थान और आश्रम भी व्यवस्था में पारदर्शिता और सेवा का संतुलन बनाए रखने के लिए नियमों पर चलते हैं।
जब व्यवस्था में ही दोष हो, तो उसमें सुधार करना धर्म है।

7. मेरा दृष्टिकोण (MY PERSPECTIVE)

व्यक्तिगत नाकामी के पीछे अक्सर एक टूटी हुई व्यवस्था छिपी होती है।
मैंने अस्पतालों, स्कूलों और सरकारी दफ्तरों में देखा है कि लोग नहीं, प्रणालियाँ असफल हो रही हैं।
सुधार तभी संभव है जब हम व्यक्ति को नहीं, सिस्टम को सुधारें।

8. उपयोगिता (USEFULNESS)

- नीति निर्माण और सुधारात्मक योजनाओं में
- संस्थानों की जवाबदेही तय करने में
- भ्रष्टाचार, पक्षपात और अक्षमता को जड़ से मिटाने में
- शिक्षा, स्वास्थ्य, न्याय, प्रशासन, हर क्षेत्र में कार्यात्मक दक्षता बढ़ाने में

9. अभ्यास (PRACTICE)

- सिस्टम की खामियों को पहचानने के लिए फीडबैक कल्चर अपनाएं
- दोषारोपण की बजाय रूट-कॉज़ एनालिसिस करें
- लचीलापन (AGILITY) और पारदर्शिता बढ़ाएं
- हर स्तर पर माइक्रो-सुधार लागू करें
- सुधार की जिम्मेदारी केवल शीर्ष नेतृत्व पर न छोड़ें

10. चिंतन (REFLECTION)

- क्या मैं बार-बार एक ही समस्या से जूझ रहा हूँ?
- क्या मैं किसी ऐसी व्यवस्था का हिस्सा हूँ जो सुधार की जरूरत में है?
- क्या मैंने सिस्टम की बजाय व्यक्ति को दोष दिया है?

11. मेरा उद्धरण (MY QUOTE)

"व्यवस्था टूट जाए तो ईमानदारी भी असहाय हो जाती है।" – डॉ. मुकेश अग्रवाल

12. निष्कर्ष (CONCLUSION)

BROKEN SYSTEM THEORY हमें यह समझने में मदद करता है कि असफलता केवल व्यक्ति की नहीं होती – कई बार पूरी व्यवस्था जिम्मेदार होती है।

यदि हमें बदलाव लाना है, तो हमें सिस्टम को सुधारना होगा – तभी व्यक्ति का विकास और समाज की उन्नति संभव है।

TIPPING POINT

1. परिचय (INTRODUCTION)

TIPPING POINT वह क्षण होता है जब किसी सामाजिक, वैज्ञानिक, या व्यावसायिक घटना में अचानक एक नाटकीय परिवर्तन आता है। यह वह बिंदु है जहाँ चीज़ें धीरे-धीरे नहीं, बल्कि एकदम तेज़ी से बदलती हैं — जैसे पानी का खौलना शुरू होना, या एक विचार का महामारी की तरह फैल जाना।

2. जन्म (BIRTH)

इस विचार को लोकप्रिय बनाया MALCOLM GLADWELL ने अपनी पुस्तक "THE TIPPING POINT" (2000) में। उन्होंने बताया कि कैसे कुछ छोटे कारक मिलकर किसी बड़े सामाजिक ट्रेंड, आंदोलन या उत्पाद को तेजी से फैलने में मदद करते हैं।

3. कहानी (STORY)

1980 के दशक में न्यूयॉर्क सिटी में अपराध दर चरम पर थी। लेकिन फिर अचानक 1990 में अपराधों में गिरावट आ गई। विशेषज्ञों ने पाया कि छोटी-छोटी नीतियों — जैसे टूटी खिड़कियों की मरम्मत और मेट्रो में टिकट चोरी रोकना — ने एक TIPPING POINT उत्पन्न किया और पूरा वातावरण बदल गया।

4. विज्ञान (SCIENCE)

यह सिद्धांत एपिडेमियोलॉजी (EPIDEMIOLOGY) यानी महामारी विज्ञान से जुड़ा है – जैसे किसी वायरस का फैलना।
इसमें तीन मुख्य घटक होते हैं:

* CONNECTORS – लोग जो नेटवर्क से जुड़े हैं
* MAVENS – जानकार और प्रभावशाली लोग
* SALESMEN – जो दूसरों को मनाने में माहिर हैं

जब ये तीनों तत्व एकसाथ सक्रिय होते हैं, तो TIPPING POINT आता है।

5. दर्शन (PHILOSOPHY)

दर्शन कहता है — "परिवर्तन धीरे-धीरे नहीं, छलांग लगाकर आता है।"
हेगेल का डायलैक्टिक्स भी कहता है कि परिवर्तन विरोधों के संघर्ष से आता
है, और जब ये विरोध एक निश्चित स्तर तक पहुँचते हैं, तब सामाजिक क्रांति
जन्म लेती है।

6. आध्यात्मिकता (SPIRITUALITY)

"एक संत की साधना कई पापियों के भाग्य बदल सकती है।"
आध्यात्मिक रूप से यह सिद्धांत कहता है कि सकारात्मक ऊर्जा जब एक
सीमा पार कर ले, तो उसका असर पूरे वातावरण पर होता है — जैसे एक
मंत्र जप का असर पूरे भवन पर।

7. मेरा दृष्टिकोण (MY PERSPECTIVE)

मैंने जीवन में देखा है — जब प्रयास लगातार हो रहे हों, तो एक क्षण ऐसा
आता है जहाँ सब कुछ बदल जाता है। वह TIPPING POINT होता है।
VHCA HAIR CLINIC की यात्रा में भी एक वायरल वीडियो, एक जबरदस्त
केस स्टडी, या एक मरीज की सफलता कहानी ने हमें आगे बढ़ा दिया।

8. उपयोगिता (USEFULNESS)

- मार्केटिंग और विज्ञापन में
- सामाजिक आंदोलनों में
- मानसिकता बदलने में
- व्यवसाय और इनोवेशन में
- पर्सनल ग्रोथ के लिए रोज़ अभ्यास में

9. अभ्यास (PRACTICE)

- लगातार छोटे सुधार करें
- सही CONNECTORS, MAVENS, और SALESMEN की पहचान करें
- समस्याओं की जड़ पर ध्यान दें
- विचारों को INFECTIOUS (संक्रामक) बनाने की रणनीति अपनाएं
- धैर्य रखें – TIPPING POINT अचानक आता है, पर तैयारी धीमी होती है

10. चिंतन (REFLECTION)

क्या मेरी ज़िन्दगी में कोई TIPPING POINT आ चुका है या आने वाला है?
मैं किन छोटी आदतों या प्रयासों को लगातार कर रहा हूँ जो एक बड़े बदलाव की ओर ले जा सकते हैं?
मैं किस विचार या संदेश को व्यापक स्तर तक पहुंचा सकता हूँ?

11. मेरा उद्धरण (MY QUOTE)

"हर बड़ा बदलाव एक अदृश्य सीमा पार करने के बाद ही दिखाई देता है। वही TIPPING POINT होता है।" – डॉ. मुकेश अग्रवाल

12. निष्कर्ष (CONCLUSION)

TIPPING POINT एक याद दिलाने वाला विचार है — कि बदलाव का बीज छोटे प्रयासों में ही छिपा होता है। लगातार और सार्थक कोशिशें, एक दिन क्रांति बन सकती हैं।
ज़रूरत है बस धैर्य की, रणनीति की, और विश्वास की।

CULTURAL LAG

1. परिचय (INTRODUCTION)

CULTURAL LAG वह स्थिति है जब समाज में तकनीकी या वैज्ञानिक विकास तो हो जाता है, लेकिन उसकी स्वीकार्यता और नैतिक समझ में देरी हो जाती है। यह विचार बताता है कि संस्कृति और मूल्य-प्रणाली, तकनीकी विकास के पीछे चलती है — जिससे समाज में तनाव, भ्रम और संघर्ष उत्पन्न होता है।

2. जन्म (BIRTH)

इस सिद्धांत को सबसे पहले समाजशास्त्री WILLIAM FIELDING OGBURN ने 1922 में प्रस्तुत किया। उन्होंने यह तर्क दिया कि टेक्नोलॉजी में बदलाव बहुत तेजी से होते हैं, लेकिन सामाजिक संस्थाएं जैसे कानून, शिक्षा, नैतिकता आदि उन्हें अपनाने में समय लेती हैं।

3. कहानी (STORY)

सोचिए – मोबाइल फोन आए, फिर स्मार्टफोन आए, और फिर बच्चे तक इनसे जुड़ गए।

लेकिन पेरेंटिंग की शैली, स्कूल की नीतियाँ और समाज का नैतिक ढांचा अब भी इस डिजिटल युग के अनुकूल नहीं हो पाया।

यही है CULTURAL LAG.

तकनीक आगे निकल गई, संस्कृति पीछे छूट गई।

4. विज्ञान (SCIENCE)

CULTURAL LAG समाज के साइबरनेटिक सिस्टम में असंतुलन को दर्शाता है।

यह समझाता है कि कैसे मटेरियल कल्चर (भौतिक विकास) पहले बदलता है, और नॉन-मटेरियल कल्चर (मूल्य, आस्थाएँ, परंपराएं) उसके बाद बदलता है।

यह अंतर ही तनाव, सामाजिक संघर्ष और नैतिक उलझनों को जन्म देता है।

5. दर्शन (PHILOSOPHY)

हेगेल और कांट जैसे दार्शनिकों ने बताया है कि सामाजिक विकास सदैव विरोधाभासों से भरा होता है।

CULTURAL LAG उसी विरोध का प्रतीक है — प्रगति और परंपरा के बीच द्वंद्व।

6. आध्यात्मिकता (SPIRITUALITY)

- आध्यात्मिक दृष्टि से देखा जाए तो यह विलंब आत्मा और माया के बीच संघर्ष जैसा है।
- तकनीकी उन्नति बाहर की माया है, जबकि सांस्कृतिक समझ आत्मा की शांति।
- जब बाहरी और भीतरी गति में तालमेल न हो, तो जीवन में अशांति उत्पन्न होती है।

7. मेरा दृष्टिकोण (MY PERSPECTIVE)

मैंने देखा है कि हमारे बालों की समस्याओं का हल आयुर्वेद में पहले से है, लेकिन समाज अब धीरे-धीरे इसे अपनाने लगा है।

यह भी एक प्रकार का CULTURAL LAG है — जहाँ आधुनिकता से जूझती संस्कृति धीरे-धीरे अपने मूल की ओर लौट रही है।

8. उपयोगिता (USEFULNESS)

- समाज में होने वाले विरोधाभासों को समझने के लिए
- नीति निर्माण में संतुलन लाने हेतु
- तकनीक को नैतिक दिशा देने के लिए
- शिक्षा, स्वास्थ्य, कानून, विज्ञान में बेहतर तालमेल हेतु

9. अभ्यास (PRACTICE)

- तकनीकी विकास के साथ नैतिकता और मूल्यों पर विचार करें
- हर नई चीज़ को अपनाते समय उसके सामाजिक प्रभाव को समझें
- संवाद और चर्चा को बढ़ावा दें
- बुजुर्गों और युवा पीढ़ी के बीच विचारों का आदान-प्रदान कराएं
- जीवन में संतुलन बनाए रखें

10. चिंतन (REFLECTION)

- क्या मेरी जिंदगी में भी कोई CULTURAL LAG है?
- क्या मैं नई चीज़ें तो तेजी से अपनाता हूँ, लेकिन अपने मूल्यों से दूर जा रहा हूँ?
- क्या मेरी संस्था, मेरा परिवार, मेरी सोच तकनीक और संस्कृति में सामंजस्य बना पा रही है?

11. मेरा उद्धरण (MY QUOTE)

"विकास का असली रूप वह है जहाँ प्रगति और परंपरा हाथ में हाथ डालकर चलें।" – डॉ. मुकेश अग्रवाल

12. निष्कर्ष (CONCLUSION)

CULTURAL LAG एक गंभीर चेतावनी है — कि यदि हमने तकनीक को अपनाया, पर मूल्य नहीं, तो हम भौतिक रूप से आगे लेकिन आत्मिक रूप से खोखले हो जाएंगे।

संतुलन ही समाधान है।

SOCIAL CONTRACT THEORY

1. परिचय (INTRODUCTION)

SOCIAL CONTRACT THEORY यह बताती है कि मानव सभ्यता के आरंभिक समय में लोग स्वतंत्र थे, लेकिन सुरक्षा, व्यवस्था और सहयोग के लिए उन्होंने आपस में एक "सामाजिक अनुबंध" किया — यानी कुछ स्वतंत्रताओं का त्याग कर सरकार या समाज की व्यवस्था को स्वीकारा।

2. जन्म (BIRTH)

यह सिद्धांत प्राचीन यूनानी विचारकों से शुरू होकर आधुनिक चिंतकों जैसे थॉमस हॉब्स, जॉन लॉक और ज्यां जैक रूसो द्वारा विकसित किया गया।

हॉब्स ने कहा: "मनुष्य स्वभावतः स्वार्थी है, इसलिए अनुबंध से शांति आती है।"

लॉक ने इसे व्यक्तिगत अधिकारों की रक्षा के रूप में देखा।

रूसो ने कहा: "हम जन्म से आज़ाद हैं, लेकिन समाज में ज़ंजीरों में जकड़े हैं।"

3. कहानी (STORY)

कल्पना कीजिए एक गाँव है जहाँ कोई कानून नहीं है।

हर कोई अपनी मर्ज़ी से चल रहा है — लूट, डर, अन्याय।

तब गाँव वाले मिलकर तय करते हैं —

"हम एक पंचायत बनाएँगे, उसके नियम मानेंगे, बदले में वह हमारी रक्षा करेगी।"

यही है SOCIAL CONTRACT — सुरक्षा के बदले स्वतंत्रता का थोड़ा त्याग।

4. विज्ञान (SCIENCE)

यह विचार राजनीतिक विज्ञान, नैतिकता, और समाजशास्त्र में एक आधार है।

मनोविज्ञान में इसे MUTUAL BENEFIT SYSTEM की तरह समझा जाता है, जहाँ सहयोग के लिए नियम बनाए जाते हैं।

EVOLUTIONARY BIOLOGY में भी सामाजिक जानवरों में अनुबंध-जैसे व्यवहार पाए गए हैं।

5. दर्शन (PHILOSOPHY)

दर्शनशास्त्र में यह सिद्धांत व्यक्तिगत स्वतंत्रता और सामाजिक दायित्व के बीच संतुलन की चर्चा करता है।
"क्या मैं अपने अधिकारों के लिए दूसरों के अधिकारों का सम्मान करता हूँ?"
यही है सामाजिक अनुबंध का सार।

6. आध्यात्मिकता (SPIRITUALITY)

आध्यात्मिक दृष्टि से यह अनुबंध धर्म, अहिंसा और सत्य के मूल सिद्धांतों से जुड़ता है।
गीता में भी भगवान श्रीकृष्ण अर्जुन से एक तरह का 'धार्मिक अनुबंध' करते हैं — कर्म करो, फल की चिंता मत करो।

7. मेरा दृष्टिकोण (MY PERSPECTIVE)

हर संस्था, परिवार, संगठन — एक अनुबंध पर ही टिका है।
VHCA HAIR CLINIC में भी हर रोगी और डॉक्टर के बीच एक विश्वास का अनुबंध है —
"हम सेवा देंगे, आप आस्था रखिए।"

8. उपयोगिता (USEFULNESS)

* समाज में न्याय, शांति और व्यवस्था बनाए रखने के लिए
* कानून और अधिकारों की समझ विकसित करने हेतु
* सरकार और जनता के बीच विश्वास कायम करने में
* किसी भी संस्था, संगठन या टीम को चलाने के लिए

9. अभ्यास (PRACTICE)

* अपने कर्तव्यों का पालन करें, केवल अधिकार न माँगें
* टीम वर्क में हर सदस्य के योगदान को समझें
* पारिवारिक और सामाजिक समझौतों का सम्मान करें
* नैतिक नियमों का पालन करें, भले ही कानून मजबूर न करे

10. चिंतन (REFLECTION)

क्या मैं अपने सामाजिक अनुबंधों का पालन कर रहा हूँ?

क्या मैं सिर्फ अपने अधिकारों पर ज़ोर देता हूँ, या दूसरों के हितों का भी ध्यान रखता हूँ?

क्या मेरा जीवन अनुशासित और सहयोगपूर्ण है?

11. मेरा उद्धरण (MY QUOTE)

"समाज कोई काग़ज़ी अनुबंध नहीं, वह विश्वास की वो डोर है, जो हमें एक-दूसरे से जोड़े रखती है।" – डॉ. मुकेश अग्रवाल

12. निष्कर्ष (CONCLUSION)

SOCIAL CONTRACT THEORY हमें सिखाती है कि समाज व्यवस्था से चलता है, और व्यवस्था अनुशासन और विश्वास से।

एक अच्छा समाज वही है जहाँ हर व्यक्ति अपने हिस्से का अनुबंध निभा रहा हो।

PRISONER'S DILEMMA

1. परिचय (INTRODUCTION)

PRISONER'S DILEMMA एक क्लासिक मनोवैज्ञानिक और गणितीय मॉडल है, जो यह दर्शाता है कि लोग सहयोग करने के बजाय स्वार्थवश निर्णय लेते हैं, जिससे सभी को नुकसान हो सकता है।

यह सिद्धांत यह सवाल उठाता है:

"क्या हम दूसरों पर भरोसा कर सकते हैं जब हमें अपना लाभ ज़्यादा दिखे?"

2. जन्म (BIRTH)

1950 में MERRILL FLOOD और MELVIN DRESHER ने इसे पहली बार प्रस्तुत किया, और ALBERT W. TUCKER ने इसे "प्रिजनर्स" की कहानी के रूप में समझाया।

यह GAME THEORY का प्रमुख सिद्धांत है।

3. कहानी (STORY)

दो अपराधी पकड़े जाते हैं। पुलिस के पास उनके खिलाफ ठोस सबूत नहीं हैं।

उन्हें अलग-अलग कमरे में रखकर सौदा दिया जाता है:

अगर तुम अपने साथी के खिलाफ गवाही दो और वह चुप रहे — तो तुम आज़ाद, वह 10 साल जेल।

अगर दोनों एक-दूसरे को धोखा दें — तो दोनों को 5-5 साल जेल।

अगर दोनों चुप रहें — तो दोनों को सिर्फ 1-1 साल जेल।

सबसे अच्छा विकल्प: दोनों चुप रहें।

सबसे ज़्यादा अपनाया जाने वाला विकल्प: दोनों एक-दूसरे को धोखा दे देते हैं।

4. विज्ञान (SCIENCE)

GAME THEORY में यह सिद्धांत बताता है कि व्यक्तिगत हित सामूहिक हित को कैसे नुकसान पहुँचा सकता है।

EVOLUTIONARY PSYCHOLOGY में यह समझने में मदद करता है कि विश्वास और धोखा किस तरह विकसित हुए।

BEHAVIORAL ECONOMICS में इसे निवेश, व्यापार, और राजनीति में उपयोग किया जाता है।

5. दर्शन (PHILOSOPHY)
यह सिद्धांत मानव स्वभाव की जड़ में पहुँचता है —
"क्या हम भरोसे के लायक हैं?"
यह "नैतिकता बनाम लाभ" की बहस का केंद्र बनता है।

6. आध्यात्मिकता (SPIRITUALITY)
आध्यात्मिकता कहती है — "विश्वास और सहयोग ही सच्चा लाभ है।"
गीता कहती है — "कर्तव्य करो, फल की चिंता मत करो।"
जब हम दूसरों पर भरोसा करना सीखते हैं, तभी सामूहिक चेतना विकसित होती है।

7. मेरा दृष्टिकोण (MY PERSPECTIVE)
ज़िंदगी में कई बार हम ऐसे "प्रिजनर्स डिलेमा" से गुजरते हैं —
दोस्ती में
व्यापार में
रिश्तों में
मुझे लगता है, विश्वास करना जोखिम हो सकता है, पर हमेशा अधिक फलदायी होता है।

8. उपयोगिता (USEFULNESS)
- समूहों में निर्णय लेने की समझ के लिए
- टीम वर्क, राजनीति, अंतरराष्ट्रीय संबंधों में
- व्यापारिक निर्णयों में सहयोग बनाम प्रतिस्पर्धा समझने के लिए
- मानव व्यवहार के अध्ययन में

9. अभ्यास (PRACTICE)
- छोटी-छोटी बातों में दूसरों पर भरोसा करना शुरू करें
- संवाद बनाए रखें — क्योंकि स्पष्टता, धोखे की संभावना कम करती है
- हर बार डर के बजाय दीर्घकालिक संबंधों को प्राथमिकता दें
- अपने डर और स्वार्थ को नियंत्रित करना सीखें

10. चिंतन (REFLECTION)

क्या मैंने कभी अपने डर के कारण भरोसेमंद व्यक्ति को धोखा दिया?

क्या मैं हर बार खुद का फ़ायदा सोचता हूँ या कभी साझेदारी पर भरोसा करता हूँ?

क्या मेरी टीम मुझे भरोसेमंद मानती है?

11. मेरा उद्धरण (MY QUOTE)

"डर हमें धोखा दिलाता है, पर विश्वास ही वो पुल है जो लोगों को जोड़ता है।"
– डॉ. मुकेश अग्रवाल

12. निष्कर्ष (CONCLUSION)

PRISONER'S DILEMMA हमें सिखाता है कि जीवन में सबसे कठिन निर्णय वही होते हैं जहाँ लाभ और नैतिकता टकराते हैं।

असली बुद्धिमानी दूसरों के साथ खड़े रहना है, जब डर कहता है — भागो।

SYSTEMS THINKING

1. परिचय (INTRODUCTION)

SYSTEMS THINKING एक सोचने की प्रक्रिया है, जो किसी भी जटिल समस्या को उसके हर हिस्से और उन हिस्सों के आपसी संबंधों के साथ समझने का प्रयास करती है।

यह सोच कहती है —

"हर समस्या अकेली नहीं होती, वो एक बड़े सिस्टम का हिस्सा होती है।"

2. जन्म (BIRTH)

इस विचारधारा की जड़ें 1950S में हैं, जब MIT के JAY FORRESTER ने इसे मैनेजमेंट और इंजीनियरिंग में लागू किया।

बाद में यह शिक्षा, पर्यावरण, समाजशास्त्र, हेल्थ, पॉलिसी-मेकिंग जैसे क्षेत्रों में फैल गई।

3. कहानी (STORY)

कल्पना कीजिए — एक तालाब में मछलियों की संख्या घट रही है।

हम मछुआरों को दोष देते हैं। लेकिन SYSTEMS THINKING पूछेगा —

क्या पानी में प्रदूषण है?

क्या तटीय क्षेत्रों पर निर्माण से उनका प्रवास बाधित हुआ?

क्या जैविक चक्र टूट गया है?

समस्या का समाधान तब मिलेगा जब हम पूरे सिस्टम को समझेंगे — न कि सिर्फ एक हिस्से को।

4. विज्ञान (SCIENCE)

यह साइबरनेटिक्स, इकोलॉजी, बायोलॉजी और कंप्लेक्सिटी साइंस से जुड़ा हुआ है।

इसमें FEEDBACK LOOPS, DELAYS, CAUSAL LOOPS जैसे टूल्स का उपयोग होता है।

हेल्थ केयर सिस्टम, सप्लाई चेन, क्लाइमेट चेंज जैसे क्षेत्रों में इसका विशेष उपयोग है।

5. दर्शन (PHILOSOPHY)

SYSTEMS THINKING की जड़ें होलिज़्म (HOLISM) में हैं —
"संपूर्ण, उसके भागों के योग से बड़ा होता है।"
यह सोच कहती है कि कोई भी घटना या व्यवहार तब तक नहीं समझा जा
सकता जब तक उसका पूरा संदर्भ न देखा जाए।

6. आध्यात्मिकता (SPIRITUALITY)

वेदों और उपनिषदों में "सर्व खल्विदं ब्रह्म" कहा गया है —
"सब कुछ एक ही ब्रह्म (सिस्टम) का हिस्सा है।"
भगवद्गीता में श्रीकृष्ण कहते हैं —
"मैं संपूर्ण ब्रह्मांड में व्याप्त हूँ और सब मुझसे जुड़े हैं।"
यह दर्शाता है कि आध्यात्मिकता भी SYSTEMS THINKING की ओर इशारा
करती है।

7. मेरा दृष्टिकोण (MY PERSPECTIVE)

मैंने देखा है कि जब हम किसी समस्या को "इंसान" से जोड़कर देखते हैं —
जैसे "वो व्यक्ति गलत है" ,
तो समाधान कठिन हो जाता है।
लेकिन जब हम सोचते हैं कि "सिस्टम कैसा है जिसने यह व्यवहार जन्मा?"
तब हम सच्चे समाधान के करीब पहुँचते हैं।

8. उपयोगिता (USEFULNESS)

- लीडरशिप और पॉलिसी मेकिंग में
- हेल्थ और एजुकेशन सिस्टम सुधार में
- पर्यावरणीय समस्या समझने में
- संस्था और परिवारों की संरचना सुधारने में
- निर्णय लेने में दीर्घकालिक सोच पैदा करने में

9. अभ्यास (PRACTICE)

हर समस्या को एक नेटवर्क की तरह देखना शुरू करें
   "WHY?" से ज़्यादा "HOW ARE THINGS CONNECTED?" पूछें
फ्लो चार्ट्स, माइंड मैप्स, और सिस्टम मैपिंग का अभ्यास करें
तात्कालिक कारणों की बजाय जड़ों पर ध्यान दें

खुद को "SYSTEM DESIGNER" की तरह सोचें

10. चिंतन (REFLECTION)
क्या मैं अपनी समस्याओं को सिर्फ व्यक्ति या घटना तक सीमित रखता हूँ?
क्या मैं कभी पूरी संरचना को देखता हूँ जिससे समस्या उत्पन्न हुई?
क्या मैं लक्षण से लड़ता हूँ या मूल कारण को देखता हूँ?

11. मेरा उद्धरण (MY QUOTE)
"जब तुम सिस्टम को समझ लोगे, तो दोष देना बंद कर दोगे और बदलाव की दिशा में बढ़ोगे।"
- डॉ. मुकेश अग्रवाल

12. निष्कर्ष (CONCLUSION)
SYSTEMS THINKING हमें बताता है कि दुनिया एक जाल है – हर धागा दूसरे से जुड़ा है।
जब तक हम पूरे ताने-बाने को नहीं समझेंगे, हम सिर्फ पैबंद लगाते रहेंगे।
सच्चा समाधान तब ही आएगा जब हम सम्पूर्ण दृष्टि से देखना सीखेंगे।

NETWORK EFFECT

1. परिचय (INTRODUCTION)

NETWORK EFFECT वह सिद्धांत है जिसमें किसी उत्पाद, सेवा या प्रणाली का मूल्य तब बढ़ता है जब उसमें और लोग जुड़ते हैं।

उदाहरण: WHATSAPP – एक व्यक्ति के इस्तेमाल से इसका कोई फायदा नहीं, लेकिन जैसे-जैसे दोस्त, परिवार, ऑफिस सभी जुड़ते हैं – इसका मूल्य कई गुना बढ़ जाता है।

2. जन्म (BIRTH)

इस विचार की शुरुआत 1970S में ROBERT METCALFE ने की थी (METCALFE'S LAW) –

"NETWORK का मूल्य N^2 के अनुपात में बढ़ता है, जहाँ N उपयोगकर्ताओं की संख्या है।"

3. कहानी (STORY)

मान लीजिए एक गांव में सिर्फ एक आदमी के पास फोन है — किसी काम का नहीं।

दूसरे ने खरीदा — अब कॉल संभव है।

जैसे-जैसे तीसरे, चौथे, पचासवें ने फोन लिया — संवाद, व्यापार, रिश्ते, सबका विस्तार हो गया।

एक व्यक्ति का लाभ – सबके जुड़ने से बढ़ा।

यही है नेटवर्क प्रभाव की शक्ति।

4. विज्ञान (SCIENCE)

METCALFE'S LAW: नेटवर्क का मूल्य N^2 के बराबर होता है

POSITIVE FEEDBACK LOOPS: अधिक यूज़र्स → बेहतर अनुभव → और अधिक यूज़र्स

SOCIAL MEDIA, E-COMMERCE, RIDE SHARING (UBER/OLA), LEARNING PLATFORMS – सब इसी सिद्धांत पर आधारित हैं

5. दर्शन (PHILOSOPHY)

"समूह में शक्ति है" — यह विचार NETWORK EFFECT के मूल में है
यह दर्शाता है कि व्यक्तिगत मूल्य, सामूहिक सहयोग से ही प्रकट होता है
यह समाजशास्त्र और उदारवाद का मूल दर्शन है:
"स्वतंत्रता और मूल्य, संबंधों में फलते हैं।"

6. आध्यात्मिकता (SPIRITUALITY)

उपनिषदों में कहा गया —
"एकोऽहं बहुस्याम" – मैं एक था, अनेक बन गया।
ब्रह्म ने ब्रह्मांड रचा – और हर आत्मा एक दूसरे से जुड़ी हुई है।
गुरुनानक कहते हैं:
"एक नूर ते सब जग उपज्या, कौन भले कौन मंदे।"
- सब एक नेटवर्क के हिस्से हैं।

7. मेरा दृष्टिकोण (MY PERSPECTIVE)

मैं मानता हूँ —
किसी विचार, आंदोलन या सेवा की सफलता तभी संभव है जब लोग जुड़ें,
महसूस करें कि यह 'उनका' है।
आप एक प्रेरणा बन सकते हैं, लेकिन नेटवर्क बनाकर ही बदलाव ला सकते
हैं।

8. उपयोगिता (USEFULNESS)

- स्टार्टअप और बिज़नेस ग्रोथ
- सोशल चेंज और जनआंदोलन
- लर्निंग प्लेटफॉर्म्स (जैसे COURSERA, UDEMY)
- हेल्थकेयर नेटवर्क
- रेफरल बेस्ड मार्केटिंग
- धार्मिक, सामाजिक और आध्यात्मिक संगठनों में जनसंपर्क

9. अभ्यास (PRACTICE)

- अपने विचार या सेवा को ऐसा डिज़ाइन करें कि लोग आपस में कनेक्ट
  हों
- "INVITE-A-FRIEND" जैसे मॉडल लागू करें

- समुदाय (COMMUNITY) बनाएं – जैसे FB ग्रुप, WHATSAPP चैनल
- हर नए सदस्य को जोड़ने का रास्ता आसान बनाएं
- जुड़ने वालों को भी मूल्य दें, न कि केवल सेवा प्रदाता को

10. चिंतन (REFLECTION)

- क्या मैं दूसरों को अपने विचार से जोड़ पा रहा हूँ?
- क्या मेरी सेवाएं लोगों को एक-दूसरे से जोड़ती हैं या अलग करती हैं?
- क्या मेरा नेटवर्क मजबूत, जीवंत और विकासशील है?

11. मेरा उद्धरण (MY QUOTE)

"अगर तुम अकेले चल रहे हो, तो तुम सीमित हो; अगर तुम दूसरों को जोड़ रहे हो, तो तुम्हारी शक्ति अनंत है।"
- डॉ. मुकेश अग्रवाल

12. निष्कर्ष (CONCLUSION)

NETWORK EFFECT हमें सिखाता है कि असली मूल्य एकल में नहीं, सामूहिकता में है।
जैसे-जैसे लोग जुड़ते हैं, अर्थ बढ़ता है – व्यापार में, रिश्तों में, जीवन में।
इसलिए अकेले मत चलो — जुड़ो, जोड़ो और जोड़ते जाओ।

INFORMATION CASCADE

1. परिचय (INTRODUCTION)

INFORMATION CASCADE एक सामाजिक-मानसिक सिद्धांत है जिसमें व्यक्ति दूसरों की राय या फैसले देखकर बिना पूरी जानकारी के निर्णय लेने लगता है।

यह हमें समझाता है कि कभी-कभी भीड़ सही नहीं होती, फिर भी लोग उसका अनुसरण करते हैं।

2. जन्म (BIRTH)

यह सिद्धांत 1992 में SUSHIL BIKHCHANDANI, DAVID HIRSHLEIFER और IVO WELCH द्वारा प्रस्तुत किया गया था।

इन्होंने बताया कि कैसे पहले दो-तीन लोग किसी राय को अपना लें, तो बाकी लोग बिना सोचे-समझे उनका अनुसरण करते हैं – भले ही तथ्य विपरीत हों।

3. कहानी (STORY)

कल्पना कीजिए एक नया रेस्टोरेंट खुला।

पहले दिन दो लोग वहाँ गए और तारीफ़ की।

फिर तीसरे, चौथे ने सिर्फ उनकी बातों पर भरोसा कर लिया – बिना स्वाद चखे।

धीरे-धीरे लाइन लग गई, और सब सोचने लगे – "भीड़ है, मतलब अच्छा होगा।"

यह है INFORMATION CASCADE – सच्चाई से ज्यादा असर अफवाह या दूसरों के फैसले का होता है।

4. विज्ञान (SCIENCE)

INFORMATION CASCADE एक BAYESIAN UPDATING की प्रक्रिया से जुड़ा होता है

लोग अपनी निजी जानकारी को दरकिनार कर दूसरों की पब्लिक जानकारी को ज़्यादा महत्त्व देते हैं

यह अक्सर FAKE NEWS, SHARE MARKET BUBBLES, या VIRAL TRENDS में देखा जाता है

5. दर्शन (PHILOSOPHY)

यह हमें सिखाता है कि स्वतंत्र चिंतन और विवेक कितना जरूरी है
"अंधानुकरण" की प्रवृत्ति कितनी खतरनाक हो सकती है
बुद्ध और कबीर जैसे विचारक हमेशा कहते थे —
"स्वयं देखो, सोचो, समझो – और फिर चुनो।"

6. आध्यात्मिकता (SPIRITUALITY)

भगवद्गीता में कृष्ण अर्जुन से कहते हैं:
"स्वधर्मे निधनं श्रेयः परधर्मो भयावहः।"
- अपने विवेक से निर्णय लो, न कि दूसरों के दबाव में।
संत कबीर कहते हैं:
"भीड़ में चलना आसान है, पर सत्य अकेले ही खड़ा होता है।"

7. मेरा दृष्टिकोण (MY PERSPECTIVE)

मैं मानता हूँ कि आज के डिजिटल युग में INFORMATION CASCADE एक
बहुत बड़ी मानसिक बीमारी बनती जा रही है।
लोग बिना जांचे-परखे वीडियो, पोस्ट, राय शेयर कर देते हैं।
विचार का स्थान केवल अनुकरण ने ले लिया है।

8. उपयोगिता (USEFULNESS)

* सोशल मीडिया में फेक न्यूज़ की रोकथाम
* मार्केटिंग में ट्रेंड सेट करने का विश्लेषण
* शिक्षा में छात्रों को CRITICAL THINKING सिखाने में
* राजनीतिक या सामाजिक आंदोलनों को सही दिशा देने में
* आत्मनिर्भर निर्णय क्षमता के विकास में

9. अभ्यास (PRACTICE)

* किसी भी जानकारी को शेयर करने से पहले जाँचें और सोचें
* दूसरों की बात मानने से पहले अपनी समझ से तुलनात्मक मूल्यांकन करें
* भीड़ की दिशा में नहीं, सत्य की दिशा में चलें
* बच्चों और टीम को विवेकपूर्ण निर्णय की आदत डालें

10. चिंतन (REFLECTION)

- क्या मैं भीड़ के पीछे चल रहा हूँ या सच के पीछे?
- क्या मैंने आज कोई राय दूसरों की सोच से प्रभावित होकर बना ली?
- क्या मैं खुद से सवाल पूछता हूँ?

11. मेरा उद्धरण (MY QUOTE)

"जब आपकी सोच रुक जाए और दूसरों की सोच आपका रास्ता तय करे –
तब आप सूचना प्रवाह में नहीं, भ्रम में बह रहे हैं।"
- डॉ. मुकेश अग्रवाल

12. निष्कर्ष (CONCLUSION)

INFORMATION CASCADE हमें चेतावनी देता है कि भीड़ के पीछे चलना
आसान है, पर सोच के साथ चलना जरूरी है।
अपने विवेक, अपनी खोज, और अपनी सच्चाई को कभी मत छोड़िए –
क्योंकि वहीं आपकी स्वतंत्रता और सफलता छुपी है।

SOCIAL CAPITAL THEORY

1. परिचय (INTRODUCTION)

SOCIAL CAPITAL THEORY बताती है कि एक व्यक्ति या समाज की सम्बन्धों की गुणवत्ता, सहयोग की भावना और विश्वास ही उसकी असली शक्ति है। यह सिद्धांत कहता है:

"यदि आपके पास लोग हैं, तो आप कुछ भी कर सकते हैं।"

2. जन्म (BIRTH)

इस सिद्धांत की जड़ें PIERRE BOURDIEU, JAMES COLEMAN, और ROBERT PUTNAM जैसे समाजशास्त्रियों ने रखीं।

ROBERT PUTNAM की किताब BOWLING ALONE (2000) ने इसे जन-जन तक पहुँचाया।

इसमें बताया गया कि कैसे सामाजिक जुड़ाव कम होता जा रहा है और उसका प्रभाव समाज पर पड़ता है।

3. कहानी (STORY)

एक गाँव में हर कोई एक-दूसरे को जानता था। कोई बीमार होता तो पूरा गाँव मदद करता।

एक दिन गाँव में बाढ़ आई, लेकिन लोग एकजुट हुए – सबने एक-दूसरे के घर बचाए।

क्यों?

क्योंकि उनके पास SOCIAL CAPITAL था – विश्वास, सहयोग, अपनापन।

आज शहरों में पैसा है, संसाधन हैं – पर संवेदना और साथ की कमी है।

4. विज्ञान (SCIENCE)

SOCIAL CAPITAL में TRUST, RECIPROCITY, NETWORKS और SHARED VALUES जैसी चीज़ें आती हैं।

यह सिद्धांत सामाजिक विज्ञान, राजनीति, अर्थशास्त्र, और विकास अध्ययनों में प्रयुक्त होता है।

समाजों में जहाँ SOCIAL CAPITAL अधिक है, वहाँ CRIME RATE कम, विकास दर अधिक, और जीवन गुणवत्ता बेहतर होती है।

5. दर्शन (PHILOSOPHY)

अरस्तू ने कहा था:

"मनुष्य सामाजिक प्राणी है।"

मानव अस्तित्व का आधार ही है – संबंध, जुड़ाव, सहयोग।

जब समाज में आत्मीयता और विश्वास घटता है, तब जीवन केवल व्यक्तिगत स्वार्थ का खेल बन जाता है।

6. आध्यात्मिकता (SPIRITUALITY)

उपनिषदों में आता है –

"सर्वे भवन्तु सुखिनः" – सबका सुख, सबकी भलाई।

संत रविदास कहते हैं –

"ऐसा चाहूँ राज मैं, जहाँ मिले सबन को अन्न।"

आध्यात्मिक दृष्टिकोण से, SOCIAL CAPITAL करुणा, सेवा, और सामूहिक उन्नति का दूसरा नाम है।

7. मेरा दृष्टिकोण (MY PERSPECTIVE)

- मैं मानता हूँ कि आज SOCIAL CAPITAL की आवश्यकता सबसे अधिक है।
- हम सब डिजिटल रूप से जुड़े हैं, पर दिल से टूटे हुए हैं।
- अगर हम फिर से रिश्तों में भाव, समाज में अपनापन, और लोगों में विश्वास लाएँ – तो कोई लक्ष्य असंभव नहीं।

8. उपयोगिता (USEFULNESS)

- NGOS, पंचायतें, समुदाय आधारित विकास कार्यक्रमों में
- शिक्षा, स्वास्थ्य, सुरक्षा जैसी नीतियों के निर्माण में
- व्यक्तिगत स्तर पर — करियर, बिज़नेस, जीवन में संतुलन लाने में
- मानसिक स्वास्थ्य और आत्म-संतोष के लिए
- राष्ट्र निर्माण और लोकतंत्र को सशक्त बनाने में

9. अभ्यास (PRACTICE)

- रोज़ किसी से दिल से जुड़िए, केवल काम के लिए नहीं
- मदद कीजिए – बिना अपेक्षा के

- अपने रिश्तों में भरोसे और ईमानदारी को बढ़ाइए
- परिवार, मित्र, सहकर्मी – इनसे QUALITY CONNECTION बनाइए
- सोशल मीडिया से ज़्यादा SOCIAL SEVA में समय लगाइए

10. चिंतन (REFLECTION)

- क्या मैं केवल अपने लिए जी रहा हूँ?
- क्या मेरे जीवन में ऐसे लोग हैं जो मुझ पर विश्वास करते हैं?
- क्या मैं लोगों को केवल उनके फायदे से तो नहीं आँकता?

11. मेरा उद्धरण (MY QUOTE)

"संपत्ति छिन सकती है, अवसर खो सकते हैं, पर अगर आपके पास रिश्तों की पूंजी है – आप फिर से खड़े हो सकते हैं।"
- डॉ. मुकेश अग्रवाल

12. निष्कर्ष (CONCLUSION)

SOCIAL CAPITAL THEORY हमें सिखाती है कि जीवन अकेले नहीं जिया जा सकता।
हम जितना जोड़ते हैं, उतना ही समृद्ध होते हैं।
यह पूंजी बैंक में नहीं, दिलों में बनती है – और यही पूंजी सच्ची होती ह

अनुभाग 9

चेतना, ध्यान और आत्मिक उन्नति

OBSERVER EFFECT

1. परिचय (INTRODUCTION)

OBSERVER EFFECT का अर्थ है —

"सिर्फ किसी चीज़ को देखना भी उसे बदल देता है।"

यह विचार क्वांटम भौतिकी में भी है, और अध्यात्म में भी।

यह सिद्धांत बताता है कि हमारी चेतना, हमारा ध्यान, हमारी उपस्थिति ही ऊर्जा और वास्तविकता को प्रभावित करती है।

2. जन्म (BIRTH)

यह सिद्धांत वैज्ञानिक रूप से उभरा क्वांटम फिज़िक्स से, विशेष रूप से DOUBLE SLIT EXPERIMENT से।

अध्यात्म में यह हजारों वर्षों से मौजूद है – "द्रष्टा ही सृष्टा है।"

3. कहानी (STORY)

एक बार एक वैज्ञानिक ने दो सुराख़ों से गुजरती प्रकाश की किरणों को मापा जब कोई नहीं देख रहा था, तो प्रकाश तरंग की तरह व्यवहार करता।

लेकिन जब कोई देख रहा था, तो वह कण की तरह व्यवहार करता!

सिर्फ देखने मात्र से वास्तविकता बदल गई।

4. विज्ञान (SCIENCE)

DOUBLE SLIT EXPERIMENT: जब इलेक्ट्रॉन को नहीं देखा गया, वह दोनों रास्तों से गया।

जब देखा गया – वह एक ही रास्ते से गया।

इसका अर्थ: "OBSERVATION COLLAPSES PROBABILITY INTO REALITY."

5. दर्शन (PHILOSOPHY)

दार्शनिकों ने कहा:

"जो हम सोचते हैं, वही हम देखते हैं।"

यह सिद्धांत मानव अनुभव की सापेक्षता (RELATIVITY) को उजागर करता है।

सच सिर्फ वस्तुनिष्ठ नहीं, बल्कि द्रष्टा पर निर्भर करता है।

6. आध्यात्मिकता (SPIRITUALITY)

उपनिषद कहते हैं:

"अहं ब्रह्मास्मि" – मैं ही ब्रह्म हूँ।

अद्वैत वेदांत में – द्रष्टा और दृश्य अलग नहीं, एक ही चेतना है।

बौद्ध ध्यान में – साक्षी भाव (WITNESS CONSCIOUSNESS) का अभ्यास होता है।

7. मेरा दृष्टिकोण (MY PERSPECTIVE)

- मैं मानता हूँ कि हम केवल पर्यवेक्षक नहीं, सर्जक (CREATOR) भी हैं।
- जब हम किसी को प्रेम से देखते हैं – वह बदल जाता है।
- जब हम किसी समस्या को शांत चित्त से देखते हैं – समाधान उभर आता है।
- हमारी उपस्थिति ही ऊर्जा को दिशा देती है।

8. उपयोगिता (USEFULNESS)

- ध्यान (MEDITATION) में – साक्षी भाव से मन की लहरें शांत होती हैं।
- रिलेशनशिप में – जागरूक उपस्थिति से गहराई आती है।
- कक्षा, ऑफिस, पेरेंटिंग – जहाँ भी आप पूरी उपस्थिति से देखते हैं, वहाँ बदलाव होता है।
- HEALING और THERAPY में – OBSERVER का दृष्टिकोण रोगी की स्थिति को बदल सकता है।

9. अभ्यास (PRACTICE)

MINDFULNESS का अभ्यास करें – हर क्षण को जागरूकता से देखें।

प्रतिक्रिया देने से पहले द्रष्टा बनें, प्रतिक्रिया नहीं।

"WITNESS MEDITATION" करें – विचारों को देखें, उनमें खोए नहीं।

लोगों को प्रेम, करुणा और ध्यान से देखें – वे बदलेंगे।

10. चिंतन (REFLECTION)

- क्या मैं अपने विचारों को केवल सोचता हूँ या देखता भी हूँ?
- क्या मैं जीवन को प्रतिक्रिया से देखता हूँ या जागरूकता से?
- क्या मेरी उपस्थिति मेरे आसपास की ऊर्जा को सकारात्मक बनाती है?

11. मेरा उद्धरण (MY QUOTE)

"जो तुम देख रहे हो वह बाहर नहीं है, वह तुम्हारे देखने के ढंग में छिपा है। दृष्टि बदलो, सृष्टि बदल जाएगी।"
- डॉ. मुकेश अग्रवाल

12. निष्कर्ष (CONCLUSION)

OBSERVER EFFECT हमें सिखाता है – हम निष्क्रिय गवाह नहीं, सक्रिय सर्जक हैं।
हमारी चेतना ही वास्तविकता को आकार देती है।
जब हम पूरी जागरूकता और प्रेम से देखते हैं, तो दुनिया बदलने लगती है।
हमारी नज़र ही हमारी नीयति है।

POWER OF NOW

1. परिचय (INTRODUCTION)
POWER OF NOW का अर्थ है – वर्तमान क्षण की पूर्ण उपस्थिति में जीना।
यह सिद्धांत बताता है कि अतीत और भविष्य केवल विचार हैं, वास्तविक जीवन केवल "अब" में है।
इस विचार को लोकप्रिय बनाया लेखक एकहार्ट टॉले ने।

2. जन्म (BIRTH)
1997 में ECKHART TOLLE की पुस्तक THE POWER OF NOW प्रकाशित हुई।
यह एक व्यक्तिगत जागृति के अनुभव से उपजा दर्शन था।
कुछ ही वर्षों में यह पुस्तक विश्वभर में आध्यात्मिक चेतना की लहर बन गई।

3. कहानी (STORY)
ECKHART TOLLE एक बार गहरे अवसाद से ग्रस्त थे।
एक रात उन्होंने सोचा — "I CANNOT LIVE WITH MYSELF ANY LONGER."
तभी उनके भीतर एक द्वैत टूटा — "ARE THERE TWO OF ME?"
इस क्षण में उन्होंने "NOW" को अनुभव किया — जहाँ कोई दुख नहीं था, केवल शांति थी।
यह उनका SPIRITUAL AWAKENING बना।

4. विज्ञान (SCIENCE)
मस्तिष्क में चिंता या डिप्रेशन की स्थिति तब आती है जब हम भूतकाल पर पछतावा या भविष्य की चिंता करते हैं।
MRI स्कैन दिखाते हैं कि MINDFULNESS या "NOW-FOCUS" से AMYGDALA की ACTIVITY घटती है।
वर्तमान में जीने से STRESS HORMONE CORTISOL कम होता है।

5. दर्शन (PHILOSOPHY)

STOICISM कहता है: "WE SUFFER MORE IN IMAGINATION THAN IN REALITY."

बुद्ध दर्शन: "क्षणिकता (IMPERMANENCE)" ही सत्य है।

उपनिषद: "यदा सर्वे प्रमुच्यन्ते कामा येऽस्य हृदि स्थिताः।"

जब सभी कामनाएँ शांत होती हैं, तभी आत्मा का दर्शन होता है — यहीं, अभी।

6. आध्यात्मिकता (SPIRITUALITY)

वर्तमान क्षण में ही परमात्मा है।

"BE STILL AND KNOW THAT I AM GOD." — बाइबिल

ध्यान का मूल सार — "अब में होना" है।

योग का एक अर्थ — "PRESENT AWARENESS" भी है।

7. मेरा दृष्टिकोण (MY PERSPECTIVE)

मैं मानता हूँ कि जो कुछ भी महान हुआ है —

कला, प्रेम, आविष्कार, ध्यान — सब NOW में घटित हुआ।

"अब" में ना केवल शक्ति है, बल्कि निर्माण की अद्भुत ऊर्जा है।

भविष्य की चिंता और भूतकाल का बोझ केवल मन की उपज हैं — जीवन नहीं।

8. उपयोगिता (USEFULNESS)

- मानसिक स्वास्थ्य के लिए अत्यंत उपयोगी।
- तनाव, घबराहट, गुस्से का समाधान।
- रिश्तों में उपस्थिति से जुड़ाव गहराता है।
- निर्णय लेते समय स्पष्टता आती है।

9. अभ्यास (PRACTICE)

दिन में 5 बार, 1 मिनट सिर्फ "अब" पर ध्यान दें — साँस, ध्वनि, शरीर।

चलते हुए, खाते हुए, बोलते हुए — AWARE रहें।

STOP" तकनीक अपनाएँ:

S – STOP | T – TAKE A BREATH | O – OBSERVE | P – PROCEED

मोबाइल या कैलेंडर में एक REMINDER: "ARE YOU IN NOW?"

10. चिंतन (REFLECTION)
क्या मैं अब में जीता हूँ या स्मृतियों और कल्पनाओं में खोया रहता हूँ?
जब मैं पूरी तरह से जागरूक होता हूँ — क्या मैं शांत, रचनात्मक और करुणामय हो जाता हूँ?
क्या मेरी वर्तमान उपस्थिति ही मेरा सबसे बड़ा उपहार है?

11. मेरा उद्धरण (MY QUOTE)
"वर्तमान क्षण में ईश्वर छुपा है — जो इसे जी गया, उसने सब पा लिया।"
- डॉ. मुकेश अग्रवाल

12. निष्कर्ष (CONCLUSION)
THE POWER OF NOW कोई दर्शन नहीं — जीवन जीने की क्रांति है।
यह हमें सिखाता है कि हर क्षण में पूर्णता है, गहराई है, शांति है।
भविष्य की चिंता छोड़ो, भूत की पकड़ छोड़ो — अब में उतर जाओ।
क्योंकि जीवन कहीं नहीं — बस "अब" है।

1. परिचय (INTRODUCTION)

MINDFULNESS का अर्थ है — हर क्षण को पूरी जागरूकता के साथ जीना, बिना किसी पूर्वग्रह, प्रतिक्रिया या निर्णय के।

यह केवल ध्यान की एक विधि नहीं, बल्कि एक जीवन शैली है — जो वर्तमान क्षण से जुड़ाव सिखाती है।

2. जन्म (BIRTH)

यह अवधारणा बौद्ध परंपरा से निकली है, विशेषकर सतिपट्ठान सूत्र से।

आधुनिक चिकित्सा में इसे लोकप्रिय बनाया जॉन कबाट-ज़िन ने, जिन्होंने 1979 में MBSR (MINDFULNESS-BASED STRESS REDUCTION) कार्यक्रम शुरू किया।

आज यह SCHOOLS, HOSPITALS, CORPORATES, MILITARY तक फैल चुका है।

3. कहानी (STORY)

एक विद्यार्थी बुद्ध से पूछता है, "गुरुदेव! आप क्या करते हैं?"

बुद्ध मुस्कराकर कहते हैं,

"मैं चलता हूँ — तो चलता हूँ। खाता हूँ — तो खाता हूँ। सोता हूँ — तो सोता हूँ।"

विद्यार्थी चकित होकर बोला, "इसमें खास क्या है?"

बुद्ध बोले, "तुम भी तो यही करते हो।"

"नहीं," बुद्ध ने कहा, "तुम खाते हो, पर सोचते हो। चलते हो, पर चिंता करते हो।

मैं जो करता हूँ, वही करता हूँ — यही MINDFULNESS है।"

4. विज्ञान (SCIENCE)

HARVARD के शोध में पाया गया कि इंसान दिन का 47% समय अनजाने विचारों में खोया रहता है।

MINDFULNESS से AMYGDALA (EMOTIONAL CENTER) शांत होता है, PREFRONTAL CORTEX (DECISION AREA) सक्रिय होता है।

इससे चिंता, अवसाद, हाई बीपी, अनिद्रा जैसी समस्याएं कम होती हैं।

5. दर्शन (PHILOSOPHY)

बुद्ध दर्शन: "अप्प दीपो भव — स्वयं अपने दीपक बनो।"
वेदान्त: "साक्षी भाव से वर्तमान का अनुभव करो।"
STOICISM: केवल वर्तमान हमारे वश में है — वही सर्वोत्तम है।
जैन दर्शन में भी "सम्यक ध्यान" की अवधारणा मिलती है।

6. आध्यात्मिकता (SPIRITUALITY)

ध्यान, जप, प्रार्थना, पूजा — सबका सार MINDFULNESS है।
"ईश्वर से जुड़ना है — तो अपनी श्वास से जुड़ो।"
"BE STILL AND KNOW THAT I AM GOD." — बाइबिल
नाम-स्मरण भी MINDFULNESS का अभ्यास है।

7. मेरा दृष्टिकोण (MY PERSPECTIVE)

मुझे लगता है MINDFULNESS शांति का प्रवेश द्वार है।
हम भागते हैं — भविष्य में, बीते समय में — और खो देते हैं अभी को।
MINDFULNESS हमें सिखाता है:
"जो है, वही पर्याप्त है। जो अभी है, वही अनमोल है।"
हर पल में दिव्यता है — यदि हम जागरूक हों।

8. उपयोगिता (USEFULNESS)

- तनाव, अवसाद, चिंता में राहत
- रिश्तों में समझ और करुणा
- उत्पादकता में वृद्धि
- निर्णय लेने की क्षमता बेहतर होती है
- शरीर, मन और आत्मा में संतुलन

9. अभ्यास (PRACTICE)

- 5 मिनट का श्वास ध्यान — केवल श्वास पर ध्यान दो
- WALKING MEDITATION — चलते हुए सिर्फ चाल पर ध्यान
- EATING MEDITATION — खाते समय स्वाद, बनावट, सुगंध पर ध्यान
- MINDFUL PAUSES — दिनभर में 3 बार रुककर अपने मन को देखें
- GRATITUDE JOURNALING — वर्तमान में जो है, उसके लिए आभार

10. चिंतन (REFLECTION)

- क्या मैं सच में यहाँ हूँ — या मन कहीं और भटक रहा है?
- क्या मैं अपने प्रियजनों से पूरे होश में मिल पाता हूँ?
- क्या मेरी दिनचर्या "स्वचालित" हो गई है या मैं सच में जी रहा हूँ?

11. मेरा उद्धरण (MY QUOTE)

"जिस क्षण में तुम पूरी तरह उपस्थित हो, वही क्षण परमात्मा का मंदिर बन जाता है।"

- डॉ. मुकेश अग्रवाल

12. निष्कर्ष (CONCLUSION)

MINDFULNESS कोई अभ्यास नहीं — एक जीवन-दर्शन है।

यह हमें साक्षी बनना सिखाता है, प्रतिक्रिया नहीं — उत्तर देना सिखाता है।

जिसने MINDFULNESS सीख ली — उसने जीवन की चाबी पा ली।

वर्तमान में जागो — यही परम साधना है।

NON-DUALITY (ADVAITA)

1. परिचय (INTRODUCTION)

ADVAITA VEDANTA या NON-DUALITY का अर्थ है — "अद्वैत" यानी न द्वैत, न भेद, न दोपन।

यह कहता है:

"मैं और ब्रह्म अलग नहीं — मैं ही ब्रह्म हूँ।"

यह ज्ञान का चरम, ध्यान की पराकाष्ठा, और आत्मा का परम निवास है।

2. जन्म (BIRTH)

मूल रूप से उपनिषदों में ADVAITA के बीज मिलते हैं।

"अहं ब्रह्मास्मि" , "तत्त्वमसि" , "सर्व खल्विदं ब्रह्म" जैसे वाक्य इसका सार हैं।

इसे संगठित रूप से प्रतिपादित किया आदि शंकराचार्य ने 8वीं सदी में।

3. कहानी (STORY)

एक बार एक शिष्य ने शंकराचार्य से पूछा —

"गुरुदेव! मैं आत्मा हूँ या शरीर?"

शंकराचार्य मुस्कराए और बोले,

"तू न आत्मा है, न शरीर —

तू वही है जो ये दोनों देख रहा है।"

शिष्य की आँखें भर आईं — ज्ञान का दीया जल चुका था।

4. विज्ञान (SCIENCE)

QUANTUM PHYSICS में भी NON-DUALITY की झलक है —

"OBSERVER और OBSERVED अलग नहीं।"

CONSCIOUSNESS को अब विज्ञान भी MATTER से मूल मानने लगा है।

NEUROSCIENCE में भी SELF AS ILLUSION की बात होती है।

5. दर्शन (PHILOSOPHY)

ADVAITA कहता है — दुनिया मिथ्या नहीं, परिवर्तनशील है।

सत्य है — केवल "ब्रह्म" जो निर्गुण, निराकार, नित्य, व्यापक है।

"जीव-ब्रह्म-ईश्वर सब एक ही चैतन्य के रूप हैं।"

SANT KABIR: "जल में कुंभ, कुंभ में जल है, बाहर-भीतर पानी।"

6. आध्यात्मिकता (SPIRITUALITY)

ADVAITA कोई सोच नहीं, अनुभव है।

ध्यान का लक्ष्य — "मैं" के भ्रम को मिटाना है।

जब "कर्ता भाव" मिटे — तभी ADVAITA का अनुभव होता है।

"मौन ही ब्रह्म है। शब्द उसका पर्दा है।"

7. मेरा दृष्टिकोण (MY PERSPECTIVE)

ADVAITA ने मुझे यह सिखाया —

"मैं शरीर, नाम, भूमिका नहीं — मैं तो शुद्ध साक्षी चैतन्य हूँ।"

जब यह भाव आता है, तो अहंकार ढलने लगता है, और प्रेम स्वतः बहने लगता है।

सबमें वही एक चैतन्य देखने लगता हूँ — यह न ज्ञान है, न भावना — यह होना है।

8. उपयोगिता (USEFULNESS)

- द्वंद्व मिटता है — सुख-दुख, सही-गलत, मेरा-तेरा
- गहरी शांति, करुणा और संतुलन आता है
- मृत्यु का भय खत्म होता है
- व्यक्ति सीमाओं से मुक्त हो जाता है
- हर कर्म "सेवा" बन जाता है

9. अभ्यास (PRACTICE)

- साक्षी भाव: जो हो रहा है, उसे देखो — पर खुद को उससे न जोड़ो
- NETI-NETI (नेति-नेति): "न यह हूँ, न वह हूँ" — जब तक "मैं" शुद्ध शून्य न हो जाए
- मौन साधना: शब्दों से परे जाओ
- JNANA YOGA: आत्मा और ब्रह्म के ज्ञान में स्थिरता

10. चिंतन (REFLECTION)

क्या मैं वो हूँ जो बदलता रहता है — या जो देख रहा है बदलाव को?

जब सब कुछ चला जाता है — तब भी जो बचा रहता है, क्या वो "मैं" हूँ?

क्या मेरा अस्तित्व किसी रूप, नाम या पहचान से जुड़ा है?

11. मेरा उद्धरण (MY QUOTE)

"जब 'मैं' मिटा — तब ही 'मैं' मिला। जो बचा — वही परमात्मा है।"
- डॉ. मुकेश अग्रवाल

12. निष्कर्ष (CONCLUSION)

ADVAITA VEDANTA कोई दर्शन मात्र नहीं — यह जागृति का झरना है।
यह सिखाता है:
"संसार में रहते हुए संसार से ऊपर उठो।"
जब व्यक्ति अनुभव करता है कि वह ब्रह्म है —
तो जीवन सेवा बन जाता है, प्रेम बन जाता है, और मौन — सबसे बड़ी वाणी।

LAW OF VIBRATION

1. परिचय (INTRODUCTION)

LAW OF VIBRATION कहता है:

"हर वस्तु, हर विचार, हर भावना — एक तरंग है, जो लगातार कंपन कर रही है।"

यह UNIVERSAL LAWS में से एक है, और LAW OF ATTRACTION का मूल आधार है।

हम जो VIBRATE करते हैं, वही हमें आकर्षित करता है।

2. जन्म (BIRTH)

इस सिद्धांत की जड़ें प्राचीन भारतीय दर्शन (उपनिषद, तंत्र, नादयोग) में हैं।

आधुनिक रूप से इसे HERMETIC PHILOSOPHY, और फिर NEW THOUGHT MOVEMENT में विकसित किया गया।

वैज्ञानिक दृष्टिकोण से, इसकी पुष्टि QUANTUM PHYSICS और STRING THEORY भी करती हैं।

3. कहानी (STORY)

एक बार एक गुरु ने शिष्य से कहा:

"तुम्हारा भाग्य तुम्हारे वाइब्रेशन पर निर्भर करता है।

गुस्से में तुम भारी हो — प्रेम में हल्के।"

शिष्य ने पूछा: "तो मैं कैसे बदलूँ?"

गुरु मुस्कराए: "विचारों की सफाई करो, बाकी सब अपने आप होगा।"

4. विज्ञान (SCIENCE)

QUANTUM MECHANICS: सब कुछ ENERGY है जो एक FREQUENCY पर VIBRATE कर रही है।

THOUGHTS & EMOTIONS: BRAIN WAVES (BETA, ALPHA, THETA) अलग-अलग FREQUENCY पर काम करती हैं।

HEARTMATH INSTITUTE ने भी दर्शाया कि भावनाएँ हृदय की ELECTROMAGNETIC FIELD को बदलती हैं।

WATER MEMORY EXPERIMENTS (DR. EMOTO) — कंपन से पानी के क्रिस्टल बदलते हैं।

5. दर्शन (PHILOSOPHY)

INDIAN PHILOSOPHY में 'NADA BRAHMA' कहा गया — "सारा ब्रह्मांड नाद (ध्वनि) है।"

"जो जैसा सोचता है, वैसा बनता है", यही LAW OF VIBRATION का दर्शन है।

बुद्धिजीवी कंपन और चेतना का स्तर तय करते हैं — यह स्वभाव नहीं, साधना से बनता है।

6. आध्यात्मिकता (SPIRITUALITY)

- कंपन ही आत्मा की अभिव्यक्ति है।
- ध्यान, मंत्र, प्रार्थना — सभी माध्यम हैं उच्च वाइब्रेशन के लिए।
- शांत मन, करुणा, सत्य, प्रेम — ये सभी ऊँची फ्रीकेंसी हैं।
- "ॐ" — उच्चतम कंपन है, जो ब्रह्मांड की मूल ध्वनि मानी जाती है।

7. मेरा दृष्टिकोण (MY PERSPECTIVE)

- जब मैंने जाना कि "मेरा हर विचार एक स्पंदन है" , तब से
- मैंने शब्दों, भावनाओं और सोचने के ढंग पर ध्यान देना शुरू किया।
- मैं अब जानता हूँ: मैं जो वाइब देता हूँ, वही मेरा भविष्य गढ़ता है।

8. उपयोगिता (USEFULNESS)

- सकारात्मकता बढ़ती है
- आत्म-नियंत्रण विकसित होता है
- रिश्तों में सामंजस्य आता है
- शरीर और मन में हल्कापन आता है
- इच्छाओं की पूर्ति सहज होने लगती है

9. अभ्यास (PRACTICE)

- ध्यान (MEDITATION): अपने अंदर की तरंगों को शुद्ध करना
- मंत्र जाप: कंपन को REFINE करने का तरीका
- म्यूजिक थैरेपी: साउंड FREQUENCIES के माध्यम से HEALING
- शब्दों का चयन: HIGH-VIBE शब्दों का प्रयोग करें

- VISUALIZATION: उस अवस्था की कल्पना करें, जहाँ आप VIBRATE करना चाहते हैं

10. चिंतन (REFLECTION)
- क्या मैं बार-बार नकारात्मक कंपन तो नहीं कर रहा?
- मैं किस प्रकार के लोगों, विचारों और बातों से घिरा हूँ?
- क्या मेरी ऊर्जा किसी को HEAL कर रही है या DRAIN?

11. मेरा उद्धरण (MY QUOTE)
"मनुष्य वही नहीं जो वह दिखता है, वह वही है जो वह VIBRATE करता है।"
– डॉ. मुकेश अग्रवाल

12. निष्कर्ष (CONCLUSION)
LAW OF VIBRATION केवल सिद्धांत नहीं — यह जीवन की लय है।
आप जो स्पंदन कर रहे हैं — वही ब्रह्मांड सुन रहा है।
अगर जीवन में बदलाव चाहिए,
तो ऊर्जा बदलिए, कंपन बदलिए — और पूरी दुनिया बदल जाएगी।

1. परिचय (INTRODUCTION)

SYNCHRONICITY का अर्थ है — "समानांतर घटनाएँ जो अर्थ से जुड़ी हों, पर कारण से नहीं।"

यह वो पल होता है जब हम कहते हैं,

"ये तो बहुत अजीब संयोग था!"

लेकिन SYNCHRONICITY कहती है:

"यह संयोग नहीं, संदेश है।"

2. जन्म (BIRTH)

इस सिद्धांत को पहली बार प्रसिद्ध मनोविश्लेषक CARL JUNG ने 1930S में प्रस्तुत किया।

उन्होंने इसे "अर्थपूर्ण संयोग" (MEANINGFUL COINCIDENCES) कहा।

यह आइंस्टीन के मित्र और क्वांटम भौतिकविद WOLFGANG PAULI के साथ संवाद से विकसित हुआ।

3. कहानी (STORY)

JUNG की एक महिला मरीज बार-बार एक सुनहरे भृंग की बात करती थी।

उसी समय, JUNG के कमरे की खिड़की पर एक सुनहरा भृंग (SCARAB BEETLE) आकर टकराया।

JUNG ने उसे दिखाया — वह स्तब्ध रह गई।

उस दिन से उसकी मनोचिकित्सा में क्रांतिकारी बदलाव आया।

4. विज्ञान (SCIENCE)

विज्ञान कारण-परिणाम (CAUSE-EFFECT) में विश्वास करता है, जबकि SYNCHRONICITY "अकारण पर अर्थपूर्ण" संबंध को स्वीकार करता है।

QUANTUM ENTANGLEMENT: दो कण जो बिना कारण एक-दूसरे से जुड़े रहते हैं — इसका वैज्ञानिक सन्निकट उदाहरण है।

PSYCHOLOGY में इसे अक्सर COGNITIVE BIAS या PATTERN RECOGNITION कहा जाता है, पर JUNG इसे गहराई से अर्थपूर्ण मानते हैं।

5. दर्शन (PHILOSOPHY)

SYNCHRONICITY हमें यह सिखाती है कि जीवन LINEAR नहीं है — यह रूपक और संकेतों की भाषा बोलता है।

"जो होना होता है, वह अपने समय पर होता है और कुछ बताने आता है।"

यह हमें "कर्म, नियति और चेतना" के बीच पुल बनाने का दर्शन देती है।

6. आध्यात्मिकता (SPIRITUALITY)

योगदर्शन कहता है: "यथार्थ चेतना जब सशक्त होती है, तब प्रकृति संकेतों में बोलने लगती है।"

देवत्व हमारे आसपास हमेशा मौजूद है, पर हम तब तक नहीं देखते जब तक हम जागृत न हों।

SYNCHRONICITY ध्यान की अवस्था में, या गहरे आत्मचिंतन के दौरान अधिक प्रकट होती है।

7. मेरा दृष्टिकोण (MY PERSPECTIVE)

मेरे जीवन में कई बार ऐसा हुआ जब किसी विषय पर सोच रहा था और अचानक वही किताब, व्यक्ति या अवसर सामने आ गया।

पहले इसे संयोग समझता था, अब समझ गया:

ब्रह्मांड मेरी चेतना के साथ सहयोग कर रहा है।

8. उपयोगिता (USEFULNESS)

- अपने INNER GUIDANCE SYSTEM को समझने में मदद
- जीवन के निर्णयों में मार्गदर्शन
- आध्यात्मिक विकास में गहराई
- विश्वास और SURRENDER की भावना
- जीवन में INTERCONNECTEDNESS की समझ

9. अभ्यास (PRACTICE)

- जर्नलिंग: हर MEANINGFUL COINCIDENCE को लिखें
- ध्यान (MEDITATION): जागरूकता बढ़ाता है
- संकेतों पर ध्यान: रोज़ की घटनाओं में छिपे अर्थ पहचानिए
- INTUITION को सुनिए: वह पहली आवाज़ जो अंदर से आती है
- GRATITUDE: ब्रह्मांड के संकेतों के लिए आभार

10. चिंतन (REFLECTION)

क्या मैं अपनी ज़िंदगी में SYNCHRONICITY को पहचान पा रहा हूँ?

क्या मैं हर संकेत को इग्नोर करता हूँ या समझने की कोशिश करता हूँ?

क्या मेरा मन इतना शांत है कि ब्रह्मांड की भाषा सुन सकूँ?

11. मेरा उद्धरण (MY QUOTE)

"जब आत्मा पुकारती है, ब्रह्मांड उत्तर देता है — SYNCHRONICITY उसी संवाद की कविता है।"

– डॉ. मुकेश अग्रवाल

12. निष्कर्ष (CONCLUSION)

SYNCHRONICITY हमें सिखाती है कि जीवन केवल तर्क से नहीं, संगीत, संकेत और समर्पण से चलता है।

जब हम सजग होते हैं, तब हमें दिखता है:

हर व्यक्ति, हर घटना, हर क्षण — किसी बड़े उद्देश्य की ओर संकेत कर रहा है।

SYNCHRONICITY सुनो — ब्रह्मांड तुमसे बात कर रहा है।

1. परिचय (INTRODUCTION)

COLLECTIVE CONSCIOUSNESS (सामूहिक चेतना) वह अदृश्य मानसिक ऊर्जा है, जो एक समाज, समूह या मानवता को एकजुट करती है।

यह वह भावना है जो हमें बताती है कि हम केवल अकेले व्यक्ति नहीं, बल्कि एक बड़े सामूहिक मन का हिस्सा हैं।

जैसे समुद्र की हर लहर अलग दिखती है, पर अंततः सब उसी महासागर से जुड़ी होती हैं।

2. जन्म (BIRTH)

इस विचार को सबसे पहले समाजशास्त्री ÉMILE DURKHEIM ने 1893 में प्रस्तुत किया।

उन्होंने कहा कि समाज एक सांस्कृतिक चेतना में जीता है, जो उसके मूल्यों, नैतिकता और विश्वासों से बनती है।

बाद में यह विचार CARL JUNG, TEILHARD DE CHARDIN, और आध्यात्मिक विचारकों द्वारा और गहराया गया।

3. कहानी (STORY)

"100TH MONKEY PHENOMENON" — जापान में वैज्ञानिकों ने देखा कि एक बंदर ने आलू धोकर खाना शुरू किया। कुछ ही समय में यह आदत दूसरे द्वीपों के बंदरों में भी दिखाई देने लगी, भले ही उनका कोई भौतिक संपर्क न था।

यह उदाहरण बना कि जब किसी विचार को एक निश्चित जनसंख्या तक पहुंचाया जाता है, तो वह COLLECTIVE CONSCIOUSNESS के माध्यम से फैलता है।

4. विज्ञान (SCIENCE)

QUANTUM FIELD THEORY और NEUROSCIENCE इस बात की ओर इशारा करते हैं कि BRAIN WAVES और ENERGY FIELDS एक-दूसरे को प्रभावित कर सकते हैं।

GLOBAL CONSCIOUSNESS PROJECT (PRINCETON UNIVERSITY): दुनिया में जब कोई बड़ी घटना होती है (9/11 या वैश्विक ध्यान), तो रैंडम नंबर जनरेटर भी पैटर्न दिखाते हैं।

MIRROR NEURONS बताते हैं कि हम दूसरों की भावनाओं से कैसे प्रभावित होते हैं।

5. दर्शन (PHILOSOPHY)

उपनिषदों का सूत्र: "वसुधैव कुटुम्बकम्" — सम्पूर्ण विश्व एक परिवार है।

अद्वैत वेदांत: सब कुछ ब्रह्म है, आत्मा एक है, चेतना विभाजित नहीं, केवल प्रतिबिंबित है।

बुद्ध दर्शन कहता है — "हम सब एक-दूसरे से जुड़े हुए हैं, जैसे शरीर के अंग।"

6. आध्यात्मिकता (SPIRITUALITY)

सामूहिक ध्यान, प्रार्थना और मंत्र उच्च चेतना का क्षेत्र बनाते हैं।

जब कई आत्माएं एकसाथ शांत, प्रेममय और करुणामय होती हैं, तो SPIRITUAL FREQUENCY बढ़ती है।

"SATSANG", "KIRTAN", और "YAGNA" इसी सिद्धांत पर आधारित हैं।

7. मेरा दृष्टिकोण (MY PERSPECTIVE)

जब हम किसी समुदाय में प्रेम, सहयोग और एकता लाते हैं, तो वह वातावरण बदलता है।

मैंने VHCA परिवार में देखा — जब हम सभी एक लक्ष्य पर ध्यान केंद्रित करते हैं, तो असंभव भी संभव होने लगता है।

COLLECTIVE CONSCIOUSNESS हमें अकेलेपन से जोड़कर शक्ति देता है।

8. उपयोगिता (USEFULNESS)

बेहतर समाज निर्माण
सामूहिक कार्यों में तेज़ परिणाम

नकारात्मकता को कम करने की क्षमता
आध्यात्मिक जागरण में वृद्धि
प्रेरणा, करुणा और शांति का संचार

9. अभ्यास (PRACTICE)

- सामूहिक ध्यान में भाग लें
- सकारात्मक विचारों का संचार करें
- साझा उद्देश्य पर कार्य करें
- EMOTIONAL CONTAGION को समझें
- DIGITAL COLLECTIVE: ऑनलाइन समुदाय बनाएं जो जागरूकता फैलाएं

10. चिंतन (REFLECTION)

- मैं अपने आसपास कैसी चेतना फैला रहा हूँ?
- क्या मेरी ऊर्जा सकारात्मक है?
- क्या मैं अपने समुदाय में प्रेम और सहयोग का स्रोत बन रहा हूँ?

11. मेरा उद्धरण (MY QUOTE)

"जब हम एक साथ सोचते हैं, प्रार्थना करते हैं और प्रेम करते हैं — हम ईश्वर की चेतना को साकार करते हैं।"
– डॉ. मुकेश अग्रवाल

12. निष्कर्ष (CONCLUSION)

COLLECTIVE CONSCIOUSNESS हमें याद दिलाती है —
"तुम अकेले नहीं हो। तुम्हारा हर विचार, हर भावना, हर कर्म — पूरी मानवता को प्रभावित करता है।"
जब हम इसे समझते हैं, तो हम औरों को गिराने नहीं, उठाने लगते हैं।
तभी तो, सामूहिक चेतना ही सच्ची सभ्यता की नींव है।

THIRD EYE AWARENESS

1. परिचय (INTRODUCTION)

THIRD EYE AWARENESS का तात्पर्य है — अंतर्ज्ञान, आत्म-जागरूकता, और दिव्य दृष्टि की शक्ति।

यह भौतिक आँखों से नहीं, बल्कि आध्यात्मिक दृष्टि से देखने की प्रक्रिया है — जिससे हम संसार के पीछे छिपे गहरे सत्य को देख पाते हैं।

2. जन्म (BIRTH)

प्राचीन भारतीय दर्शन में इसे "आज्ञा चक्र" कहा गया है, जो दोनों भौहों के बीच स्थित होता है।

यह सात चक्रों में छठवाँ चक्र है।

मिस्र की संस्कृति में इसे "EYE OF HORUS" और ईसाई रहस्यवाद में "INNER EYE" के रूप में जाना जाता है।

आधुनिक मनोविज्ञान इसे PINEAL GLAND ACTIVATION से जोड़ता है।

3. कहानी (STORY)

रामकृष्ण परमहंस एक बार ध्यान की अवस्था में थे। जब किसी ने उनसे पूछा कि आप क्या देख रहे हैं, उन्होंने कहा:

"मैं उस स्वरूप को देख रहा हूँ जिसे आंखें नहीं देख सकतीं, पर मन जान सकता है।"

उनका THIRD EYE खुल चुका था — वह ब्रह्म को, सत्य को, स्वयं को अनुभव कर रहे थे।

4. विज्ञान (SCIENCE)

PINEAL GLAND — मस्तिष्क का छोटा ग्रंथि, जो MELATONIN (नींद का हार्मोन) बनाती है, परंतु अध्यात्म में इसे ही तीसरी आंख कहा गया है।

यह GLAND प्रकाश के प्रति संवेदनशील है और ध्यान व गहरी मौन अवस्था में सक्रिय होती है।

MRI स्कैन में ध्यान करने वालों में यह अधिक सक्रिय पाई गई है।

5. दर्शन (PHILOSOPHY)

योगदर्शन कहता है कि जब "आज्ञा चक्र" जाग्रत होता है, तब व्यक्ति अज्ञान से ज्ञान की ओर बढ़ता है।

वेदांत इसे मायाजाल से परे दृष्टि कहता है — जब व्यक्ति रूप, नाम, जाति, धर्म के भेद मिटाकर एकता का अनुभव करता है।

यह वो दृष्टि है जो वस्त्र नहीं, आत्मा देखती है।

6. आध्यात्मिकता (SPIRITUALITY)

THIRD EYE से हम साक्षीभाव में आते हैं — देखते हैं, पर उलझते नहीं।

यह जागरूकता हमें समय के पार ले जाती है — जहां न अतीत है, न भविष्य, केवल वर्तमान।

शिव को "त्रिनेत्रधारी" कहा गया — जिनकी तीसरी आंख से अज्ञान का नाश होता है।

7. मेरा दृष्टिकोण (MY PERSPECTIVE)

जब मैंने नियमित ध्यान में THIRD EYE पर फोकस करना शुरू किया, तो मेरे भीतर की जिज्ञासा शांत होने लगी।

समस्याएं वही रहीं, पर दृष्टिकोण बदल गया।

यह जागरूकता किसी जादू से कम नहीं — यह मुझे मेरे भीतर के प्रकाश से मिलवाती है।

8. उपयोगिता (USEFULNESS)

- आत्म-जागरूकता में वृद्धि
- निर्णय क्षमता में तीव्रता
- भावनात्मक संतुलन
- गहन अंतर्ज्ञान
- भय, भ्रम और चिंता में कमी

9. अभ्यास (PRACTICE)

त्राटक: बिना पलक झपकाए दीपक की लौ पर ध्यान

आज्ञा चक्र पर ध्यान: दोनों भौंहों के बीच प्रकाश की कल्पना

मौन व साधना: दिन में कुछ समय मौन में रहना

साक्षी भाव: हर घटना को बिना जुड़ाव के देखना

प्रश्न करना: "मैं कौन हूँ?" इस प्रश्न में उतरना

10. चिंतन (REFLECTION)
क्या मैं बाहरी दुनिया में खो गया हूँ या भीतर की रोशनी देख पा रहा हूँ?
क्या मेरा निर्णय भय से चलता है या अंतर्ज्ञान से?
क्या मैं स्वयं को जान पाया हूँ?

11. मेरा उद्धरण (MY QUOTE)
  "तीसरी आंख वह द्वार है, जो हमें संसार से स्वयं तक, और स्वयं से परमात्मा तक ले जाती है।"
– डॉ. मुकेश अग्रवाल

12. निष्कर्ष (CONCLUSION)
THIRD EYE AWARENESS कोई रहस्य नहीं, बल्कि अभ्यास से प्राप्त होने वाली ज्योति है।
जब यह जाग्रत होती है, तो व्यक्ति में स्पष्टता, शांति और दिव्यता का संचार होता है।
  "बाहर देखने से हम सपने देखते हैं, भीतर देखने से हम जागते हैं।"

STILLNESS PRINCIPLE

1. परिचय (INTRODUCTION)

STILLNESS PRINCIPLE का अर्थ है — भीतर की गहन शांति, जिसमें व्यक्ति बिना शोर के, बिना प्रतिक्रिया के, बस होने की अवस्था में होता है।
यह केवल शारीरिक नहीं, मानसिक, भावनात्मक और आत्मिक स्थिरता की बात है।

2. जन्म (BIRTH)

यह सिद्धांत प्राचीन ऋषियों, बुद्ध, लाओ त्जु, और ईसा मसीह की शिक्षाओं में दिखाई देता है।
योग और ध्यान परंपरा में इसे प्रत्याहार, धारण, और ध्यान का मूल कहा गया है।

3. कहानी (STORY)

एक बार एक शिष्य ने बुद्ध से पूछा:
"गुरुदेव, आप इतने शांत कैसे रहते हैं?"
बुद्ध ने मुस्कराकर उत्तर दिया:
"क्योंकि मैंने सीखा है — हर विचार, हर भावना, हर घटना एक बादल है... मैं केवल आकाश हूँ।"
यह स्थिरता ही उनकी शक्ति थी।

4. विज्ञान (SCIENCE)

वैज्ञानिक शोध बताते हैं कि मेडिटेशन और माइंडफुलनेस से मस्तिष्क की DEFAULT MODE NETWORK शांत होती है।
इससे तनाव के हार्मोन CORTISOL में कमी आती है, और PARASYMPATHETIC NERVOUS SYSTEM सक्रिय होता है — जो शरीर को HEALING MODE में लाता है।
HEART RATE, BLOOD PRESSURE, और BRAIN WAVES सब स्थिर हो जाते हैं।

5. दर्शन (PHILOSOPHY)

योगदर्शन कहता है: "योगश्चित्तवृत्तिनिरोधः" — योग का अर्थ है चित्त की वृत्तियों का निरोध।

STOICISM (यूनानी दर्शन) कहता है — बाहर की हलचल में भी भीतर की शांति बनाए रखना ही असली सामर्थ्य है।

ताओवाद में इसे WU WEI कहा गया — करने के बिना करना।

6. आध्यात्मिकता (SPIRITUALITY)

स्थिरता आत्मा की भाषा है।

जब मन शांत होता है, तब ही हम ईश्वर की अनुभूति कर सकते हैं।

उपनिषदों में कहा गया है —

  "शांतम् शिवम् अद्वैतम्" — परम सत्य शांत, कल्याणकारी और अद्वैत है।

ध्यान, जप, मौन, प्रकृति में रहना — ये सब हमें उस गहराई से जोड़ते हैं।

7. मेरा दृष्टिकोण (MY PERSPECTIVE)

जब जीवन में हलचल थी — शोर, लक्ष्य, अपेक्षाएं — मैंने ध्यान में जाना सीखा।

धीरे-धीरे समझ में आया कि शांति कोई मंज़िल नहीं, बल्कि एक अभ्यास है।

अब, मैं अपने दिन की शुरुआत उसी शांति से करता हूँ — और दिन भर उसका संगीत मेरे भीतर बजता है।

8. उपयोगिता (USEFULNESS)

मानसिक स्पष्टता और निर्णय शक्ति

भावनात्मक संतुलन और सहनशीलता

उच्च रचनात्मकता और आत्म-जागरूकता

शारीरिक स्वास्थ्य में सुधार

आत्म-सम्बंध और ईश्वर से जुड़ाव

9. अभ्यास (PRACTICE)

साँस पर ध्यान: 10 मिनट गहरी सांस लेकर केवल श्वास को देखना

मौन अभ्यास: दिन में कुछ समय बिना बोलना, बिना स्क्रीन

प्रकृति में एकांत: बिना फोन्स, केवल पेड़ों, पक्षियों और हवा के साथ बैठना

गहरी जर्नलिंग: अपने विचारों को देखना, पर उनसे जुड़ना नहीं

"I AM" मेडिटेशन: केवल "मैं हूँ" की भावना में टिके रहना

10. चिंतन (REFLECTION)
क्या मैं भीड़ में खो गया हूँ, या अपने भीतर की आवाज़ सुन पा रहा हूँ?
क्या मेरे निर्णय शांति से जन्म लेते हैं, या प्रतिक्रिया से?
क्या मैं शांति को केवल परिस्थिति पर आधारित मानता हूँ?

11. मेरा उद्धरण (MY QUOTE)
"स्थिरता केवल मौन नहीं, एक शक्ति है — जो हमें स्वयं से मिलाती है और संसार को समझने की दृष्टि देती है।"
– डॉ. मुकेश अग्रवाल

12. निष्कर्ष (CONCLUSION)
STILLNESS कोई पलायन नहीं, बल्कि प्रबल उपस्थिति है।
यह वह शक्ति है, जो तूफान में भी हमें अडिग रखती है।
जब मन शांत होता है, तब जीवन स्पष्ट हो जाता है।

GRATITUDE EFFECT

1. परिचय (INTRODUCTION)

GRATITUDE EFFECT का अर्थ है — कृतज्ञता के अभ्यास से जीवन में आने वाले सकारात्मक परिवर्तन।

यह केवल "THANK YOU" कहना नहीं, बल्कि हर अनुभव को एक उपहार की तरह स्वीकारना है।

2. जन्म (BIRTH)

प्राचीन भारतीय संस्कृति में "ऋण" और "कृतज्ञता" का महत्व था — देवऋण, पितृऋण, गुरुऋण।

बाइबिल, कुरान, और गुरु ग्रंथ साहिब — सभी में शुक्रगुज़ारी को आध्यात्मिक उन्नति की कुंजी बताया गया है।

3. कहानी (STORY)

एक वृद्ध साधु से किसी ने पूछा:

"आप हमेशा इतने प्रसन्न क्यों रहते हैं?"

साधु ने मुस्कराकर कहा:

"क्योंकि मैं हर सुबह उठकर पहले यह सोचता हूँ — 'मैं आज जिन्दा हूँ, साँस ले रहा हूँ, यही चमत्कार है।'"

यह आभार ही उसका सुख था।

4. विज्ञान (SCIENCE)

RESILIENCE और POSITIVE PSYCHOLOGY के अनुसार, GRATITUDE JOURNALING करने वालों की नींद बेहतर होती है, तनाव कम होता है।

मस्तिष्क में SEROTONIN और DOPAMINE बढ़ते हैं — जो मूड को बेहतर करते हैं।

DR. ROBERT EMMONS और DR. MARTIN SELIGMAN के शोध बताते हैं कि कृतज्ञ लोग अधिक उत्साही, दयालु, और सफल होते हैं।

5. दर्शन (PHILOSOPHY)

STOICISM कहता है — हम जो कुछ भी है, उसी में संतोष और आभार रखें।

भगवद गीता में श्रीकृष्ण कहते हैं —

"निमित्त मात्रम भव सव्यसाचिन", अर्थात जो है, उसे ईश्वर की इच्छा मानकर स्वीकार करें।

6. आध्यात्मिकता (SPIRITUALITY)
कृतज्ञता आत्मा की प्रार्थना है।
जब हम ईश्वर को केवल मांगने नहीं, धन्यवाद देने आते हैं — तभी सच्चा संबंध बनता है।
"कृतज्ञता में शक्ति है जो आत्मा को ईश्वर से जोड़ देती है।"

7. मेरा दृष्टिकोण (MY PERSPECTIVE)
कई बार जब जीवन कठिन था — मैंने शिकायत नहीं की, बस लिखा —
"आज भी साँस मिली, यही बहुत है।"
धीरे-धीरे यह एक आदत बन गई — और फिर एक जीवन-दर्शन।
अब, हर दिन GRATITUDE WALK करता हूँ — प्रकृति, परिवार, मित्रों और हर अनुभव को धन्यवाद देता हूँ।

8. उपयोगिता (USEFULNESS)
मानसिक स्वास्थ्य में वृद्धि
आत्म-संतोष और शांति
संबंधों में सुधार
प्रतिरोधक क्षमता में वृद्धि
आत्मा से जुड़ाव और सकारात्मकता

9. अभ्यास (PRACTICE)
GRATITUDE JOURNAL: रोज़ 3 चीजें लिखना जिनके लिए आभारी हैं
THANK YOU NOTES: किसी एक व्यक्ति को हर हफ्ते धन्यवाद देना
प्रकृति को नमन: सुबह सूर्य, हवा, जल को महसूस कर धन्यवाद
कृतज्ञता ध्यान: हर श्वास में आभार का भाव भरना
"धन्यवाद" मंत्र: किसी भी परिस्थिति में यही दो शब्द दोहराना

10. चिंतन (REFLECTION)
क्या मैं रोज़ जिन चीजों को 'सामान्य' मानता हूँ, उनका मूल्य समझता हूँ?
क्या मैंने कभी उन लोगों को धन्यवाद कहा है, जो मेरे जीवन की नींव हैं?

11. मेरा उद्धरण (MY QUOTE)

"कृतज्ञता केवल प्रतिक्रिया नहीं, वह दृष्टि है — जो जीवन को सौंदर्य में बदल देती है।"
– डॉ. मुकेश अग्रवाल

12. निष्कर्ष (CONCLUSION)

GRATITUDE एक भावना नहीं, एक ऊर्जा है — जो भीतर से जीवन को बदल देती है।
जहाँ शिकायत रुकती है, वहीं से आभार की शक्ति शुरू होती है।
और जब हम कृतज्ञ होते हैं, तब सारा ब्रह्मांड हमारी ओर मुस्कराता है।

अनुभाग 10

ब्रह्मांड, अस्तित्व और अंतिम सत्य

ANTHROPIC PRINCIPLE

1. परिचय (INTRODUCTION)

ANTHROPIC PRINCIPLE का अर्थ है:

ब्रह्मांड इस प्रकार से बना है कि वह मानवीय जीवन के अस्तित्व के लिए अनुकूल है।

यह विचार यह पूछता है:

"क्या ब्रह्मांड इसलिए ऐसा है क्योंकि हम इसमें हैं, या हम इसलिए हैं क्योंकि ब्रह्मांड ऐसा है?"

2. जन्म (BIRTH)

यह सिद्धांत 1973 में BRANDON CARTER द्वारा प्रस्तुत किया गया।

उन्होंने कहा कि ब्रह्मांड के गुण ऐसे प्रतीत होते हैं जैसे उन्हें जीवन के लिए "FINE-TUNED" किया गया हो।

3. कहानी (STORY)

कल्पना कीजिए एक कमरे की जिसमें केवल वही लोग जीवित रह सकते हैं जिनकी ऊँचाई 5 फीट से 6 फीट के बीच हो।

अगर आप उस कमरे में हैं, तो ज़ाहिर है आपका कद इसी दायरे में होगा — इसी तरह हम ब्रह्मांड को जीवन-योग्य देखते हैं क्योंकि हम यहाँ हैं।

यह साधारण-सा प्रतीत होने वाला तर्क, अस्तित्व के सबसे गहरे प्रश्न को छूता है।

4. विज्ञान (SCIENCE)

अगर गुरुत्वाकर्षण, चार्ज, या ब्रह्मांड की विस्तार दर थोड़ा भी अलग होती — जीवन संभव नहीं होता।

FINE-TUNING ARGUMENTS बताते हैं कि ब्रह्मांड की भौतिक स्थिराएं (CONSTANTS) बहुत सटीक हैं।

कुछ वैज्ञानिक इसे MULTIVERSE THEORY से जोड़ते हैं — हो सकता है अनगिनत ब्रह्मांड हों, पर हम उसी में हैं जहाँ जीवन संभव है।

5. दर्शन (PHILOSOPHY)

DESCARTES ने कहा था: "I THINK, THEREFORE I AM."
लेकिन ANTHROPIC PRINCIPLE कहता है: "I OBSERVE, THEREFORE THE UNIVERSE IS THE WAY IT IS."
यह सिद्धांत OBJECTIVITY VS SUBJECTIVITY के बीच पुल बनाता है।

6. आध्यात्मिकता (SPIRITUALITY)

उपनिषदों में कहा गया है:
"यथा पिंडे तथा ब्रह्मांडे" — जो भीतर है, वही बाहर है।
यह सिद्धांत आत्मा और ब्रह्मांड के बीच संबंध का संकेत देता है —
हम ब्रह्मांड के दर्शक नहीं, अभिन्न अंग हैं।
बौद्ध दर्शन में — "REALITY ARISES WITH THE OBSERVER."

7. मेरा दृष्टिकोण (MY PERSPECTIVE)

मैंने जब पहली बार यह सिद्धांत पढ़ा, तो लगा —
"क्या मैं इतना महत्वपूर्ण हूँ कि पूरी सृष्टि मेरे देखने के लिए बनी है?"
लेकिन फिर समझ आया:
जब चेतना ही केंद्र है, तो सृष्टि उसी के इर्द-गिर्द है।
हम ब्रह्मांड को केवल देख नहीं रहे — हम उसे बना रहे हैं, हर क्षण।

8. उपयोगिता (USEFULNESS)

जीवन के प्रति श्रद्धा जगाता है
EGO और HUMILITY के बीच संतुलन सिखाता है
विज्ञान और अध्यात्म को जोड़ता है
EXISTENTIAL PURPOSE पर चिंतन को प्रेरित करता है
प्रकृति के प्रति संवेदनशील बनाता है

9. अभ्यास (PRACTICE)

OBSERVER MEDITATION: मैं देख रहा हूँ — लेकिन कौन देख रहा है?
COSMIC GRATITUDE: हर सुबह ब्रह्मांड को धन्यवाद
QUESTIONING REALITY: ब्रह्मांड को PASSIVELY मत देखो, ACTIVELY अनुभव करो

MICRO-MACRO CONNECTION: अपने भीतर झांको और बाहरी सृष्टि को समझो

10. चिंतन (REFLECTION)
अगर ब्रह्मांड मेरे अनुभव के अनुसार है — तो मैं कौन हूँ?
क्या मेरा चेतन होना ही सृष्टि का अर्थ है?
अगर ब्रह्मांड मेरा दर्पण है — तो मैं उसे क्या दिखा रहा हूँ?

11. मेरा उद्धरण (MY QUOTE)
"ब्रह्मांड न तो बड़ा है, न छोटा — वह उतना ही है जितनी मेरी चेतना की सीमा।"
– डॉ. मुकेश अग्रवाल

12. निष्कर्ष (CONCLUSION)
ANTHROPIC PRINCIPLE केवल एक सिद्धांत नहीं — यह आत्म-चिंतन का दरवाज़ा है।
हम ब्रह्मांड के दर्शक नहीं, सह-निर्माता हैं।
हम देख रहे हैं, इसलिए वह है — और वह है, इसलिए हम देख सकते हैं।
यह संबंध ही हमें मानव से मानवातीत बनाता है।

HOLOGRAPHIC UNIVERSE THEORY

1. परिचय (INTRODUCTION)

HOLOGRAPHIC UNIVERSE THEORY यह दावा करती है कि पूरा ब्रह्मांड एक होलोग्राम है,

यानि जो हमें 3D में दिखता है, वह वास्तव में एक 2D सतह पर संग्रहीत जानकारी का प्रक्षेपण हो सकता है।

2. जन्म (BIRTH)

सबसे पहले यह विचार 1970S में DENNIS GABOR के होलोग्राफ़ी सिद्धांत से उपजा।

GERARD 'T HOOFT और LEONARD SUSSKIND ने इसे 1990S में QUANTUM GRAVITY और BLACK HOLE PHYSICS में प्रस्तुत किया।

DAVID BOHM और KARL PRIBRAM ने इसे मस्तिष्क और चेतना से भी जोड़ा।

3. कहानी (STORY)

कल्पना कीजिए एक होलोग्राम कार्ड की, जिसमें 2D सतह पर पूरी 3D छवि मौजूद है।

अगर आप उसे टुकड़ों में भी तोड़ दें, तो हर टुकड़े में पूरी छवि की जानकारी होती है।

HOLOGRAPHIC PRINCIPLE कहता है —
हर अंश में संपूर्ण ब्रह्मांड की छवि छिपी है।

4. विज्ञान (SCIENCE)

BLACK HOLES के INFORMATION PARADOX को सुलझाने के प्रयास में यह सिद्धांत जन्मा।

HAWKING RADIATION के अनुसार BLACK HOLES में जानकारी नष्ट नहीं होती — वह सीमा पर संग्रहीत होती है।

1997 में JUAN MALDACENA ने ADS/CFT CORRESPONDENCE प्रस्तुत किया — जिससे HOLOGRAPHIC UNIVERSE को गणितीय आधार मिला।

5. दर्शन (PHILOSOPHY)

प्लेटो की "CAVE ALLEGORY" में जो हम देखते हैं वह परछाइयाँ हैं — यथार्थ नहीं।

यह सिद्धांत बताता है कि हमारी वास्तविकता भी परछाई मात्र हो सकती है।

यह माया की अवधारणा को वैज्ञानिक रूप देता है।

6. आध्यात्मिकता (SPIRITUALITY)

उपनिषदों में: "ब्रह्म सत्यं, जगत् मिथ्या।"

योग व ध्यान में कहा जाता है — "जो बाहर दिखता है, वह भीतर है।"

हर आत्मा में परमात्मा की झलक — "AHAM BRAHMASMI" — यही तो HOLOGRAPHIC PRINCIPLE है।

"AS ABOVE, SO BELOW. AS WITHIN, SO WITHOUT."

7. मेरा दृष्टिकोण (MY PERSPECTIVE)

- जब मैंने इस सिद्धांत को समझा, तब मुझे वो क्षण याद आए जब
- मैंने भीतर ध्यान किया और बाहर की सृष्टि बदलती दिखी।
- अगर यह सारा ब्रह्मांड एक HOLOGRAM है —
- तो हम सब 'SOURCE CODE' से जुड़े FRAGMENTS हैं।

8. उपयोगिता (USEFULNESS)

- आत्म-ज्ञान को विज्ञान से जोड़ता है
- आत्मा और ब्रह्मांड के रिश्ते को स्पष्ट करता है
- आत्म-साक्षात्कार की वैज्ञानिक व्याख्या करता है
- जीवन को 'SIMULATION' मानकर दुःखों से ऊपर उठने में सहायक

9. अभ्यास (PRACTICE)

HOLOGRAPHIC MEDITATION: सोचिए कि आपके भीतर पूरा ब्रह्मांड प्रतिबिंबित है

INNER TO OUTER PROJECTION: जो बदलाव आप बाहर देखना चाहते हैं, पहले उसे भीतर जिएँ

FRAGMENTED SELF INTEGRATION: अपने टुकड़ों को जोड़ना, अपने पूर्ण रूप को पहचानना

10. चिंतन (REFLECTION)

- क्या मैं अपने विचारों से ब्रह्मांड में बदलाव ला सकता हूँ?
- क्या मेरा हर कर्म ब्रह्मांड के HOLOGRAM को बदलता है?
- अगर मैं ही स्रोत हूँ, तो क्या मैं मुक्त हूँ या बंधा?

11. मेरा उद्धरण (MY QUOTE)

"हर व्यक्ति में ब्रह्मांड समाया है — और हर ब्रह्मांड में व्यक्ति की पुकार।"
– डॉ. मुकेश अग्रवाल

12. निष्कर्ष (CONCLUSION)

HOLOGRAPHIC UNIVERSE THEORY विज्ञान, दर्शन और अध्यात्म को एक सूत्र में पिरोता है।
यह सिद्धांत हमें यह सोचने को मजबूर करता है — क्या हम वस्तु हैं या अनुभव?
जब हम भीतर झाँकते हैं और बाहर की सृष्टि बदलती है —
तब होलोग्राम टूटता है, और हम अनुभव करते हैं — एकता, अखंडता और परम सत्य।

1. परिचय (INTRODUCTION):

क्या पृथ्वी केवल एक निर्जीव ग्रह है, या वह स्वयं एक जीवित प्राणी है? GAIA HYPOTHESIS यह मानती है कि पृथ्वी और उस पर जीवन एक स्व-संगठित, आत्मनियंत्रित, जीवंत प्रणाली के रूप में कार्य करते हैं — जैसे एक जीव। यह दृष्टिकोण न केवल विज्ञान में क्रांतिकारी था, बल्कि आध्यात्मिक और दार्शनिक दृष्टिकोण से भी प्रेरक है।

2. जन्म (BIRTH):

1970 के दशक में JAMES LOVELOCK और LYNN MARGULIS ने GAIA HYPOTHESIS को प्रस्तुत किया। 'गाइया' नाम ग्रीक देवी से लिया गया, जो पृथ्वी की माता मानी जाती हैं।

3. कहानी (STORY):

JAMES LOVELOCK को NASA ने मंगल ग्रह पर जीवन की खोज के लिए बुलाया। वहाँ उन्होंने विचार किया — "पृथ्वी पर जीवन केवल उपस्थित नहीं है, बल्कि उसने पर्यावरण को जीवित रहने योग्य बनाए रखा है।"
इस सोच से जन्मी GAIA HYPOTHESIS — एक सिद्धांत जो कहता है कि पृथ्वी एक जीवंत इकाई की तरह काम करती है, जिसमें जीवन और वातावरण मिलकर संतुलन बनाए रखते हैं।

4. विज्ञान (SCIENCE):

पृथ्वी का तापमान, समुद्र की लवणता, वायुमंडल की रचना — ये सब जीवन के कारण संतुलित हैं।
PHYTOPLANKTON समुद्रों से बादल बनाते हैं, जिससे जलवायु नियंत्रित होती है।
वनस्पति कार्बन डाइऑक्साइड को अवशोषित करती हैं, और वातावरण को शुद्ध रखती हैं।
यह एक फीडबैक सिस्टम है, जैसे जीवों में HOMEOSTASIS होता है।

5. दर्शन (PHILOSOPHY):

प्राचीन भारतीय दर्शन में पृथ्वी को माता कहा गया: "पृथ्वी माता धर्म का पालन करती है।"

STOICS और TAOISM प्रकृति के साथ सामंजस्य की बात करते हैं।

SPINOZA ने कहा — "ईश्वर और प्रकृति एक ही हैं।" GAIA HYPOTHESIS इसी दिशा में है।

6. आध्यात्मिकता (SPIRITUALITY):

योग में पंचमहाभूत — पृथ्वी, जल, अग्नि, वायु, आकाश — का सामंजस्य ही जीवन का सार है।

नवदुर्गा में से एक रूप "शैलपुत्री" पृथ्वी के प्रतीक हैं।

आदिवासी संस्कृतियों में पृथ्वी को माता, पेड़ों को भाई, नदियों को बहन माना जाता है।

7. मेरा दृष्टिकोण (MY PERSPECTIVE):

मेरे लिए GAIA HYPOTHESIS केवल एक वैज्ञानिक सिद्धांत नहीं, एक भावना है। जब हम पृथ्वी को माता की तरह देखें — तो शोषण की जगह संरक्षण आता है।

यह सिद्धांत हमें अहंकार से विनम्रता की ओर, उपभोग से सेवा की ओर ले जाता है।

8. प्रयोगिता (USEFULNESS):

पर्यावरण संरक्षण के लिए वैज्ञानिक प्रेरणा।

जलवायु परिवर्तन को रोकने में गहरा सिद्धांत।

स्थायी विकास के लिए मूल मंत्र।

शिक्षा, नीति और जीवनशैली में 'पृथ्वी के साथ सहभागिता' की सोच।

9. अभ्यास (PRACTICE):

प्रकृति के साथ संबंध विकसित करें — वृक्ष लगाना, जल बचाना, ज़मीन का सम्मान करना।

भोजन, वस्त्र और संसाधनों का चयन इस सोच से करें — "क्या यह गाइया के अनुकूल है?"

GAIA JOURNALING करें: हर दिन लिखें कि आपने पृथ्वी के लिए क्या किया।

10. चिंतन (REFLECTION):
अगर पृथ्वी जीवित है, तो क्या वह दर्द भी महसूस करती है? क्या सूखा, प्रदूषण और वन-विनाश उसके लिए चोट है?
क्या हम उसके अंग हैं, या रोग?

11. मेरा उद्धरण (MY QUOTE):
"जब हम पृथ्वी को माता मानते हैं, तभी हम सही अर्थों में संतान बनते हैं।"

12. निष्कर्ष (CONCLUSION):
GAIA HYPOTHESIS हमें याद दिलाती है कि हम पृथ्वी पर नहीं, पृथ्वी के भीतर हैं, और वह हमारे भीतर। यह सोच हमें नई दिशा देती है — जहाँ विज्ञान, दर्शन और अध्यात्म मिलकर हमें एक नई चेतना की ओर ले जाते हैं: एकता की चेतना।

FRACTAL REALITY

1. परिचय (INTRODUCTION)

FRACTAL REALITY यह विचार है कि ब्रह्मांड एक दोहरावदार संरचना पर आधारित है —

जहाँ छोटे स्तर पर जो दिखता है, वही बड़े स्तर पर भी परिलक्षित होता है।

यह प्रकृति की स्व-समानता (SELF-SIMILARITY) की अभिव्यक्ति है।

2. जन्म (BIRTH)

इस सिद्धांत की नींव BENOÎT B. MANDELBROT ने रखी, जिन्होंने "FRACTALS" शब्द को लोकप्रिय बनाया।

उन्होंने दिखाया कि प्राकृतिक संरचनाएं — जैसे कि पेड़ की शाखाएं, फेफड़ों की नसें, नदियों का बहाव —

गणितीय रूप से फ्रैक्टल ज्योमेट्री के अनुसार व्यवस्थित होती हैं।

3. कहानी (STORY)

MANDELBROT IBM में रिसर्च कर रहे थे और उन्होंने शेयर मार्केट में अजीब पैटर्न देखे —

जो स्केल बदलने पर भी वैसे ही रहते थे।

उन्होंने समझा कि प्रकृति में भी यह पैटर्न दोहराए जाते हैं।

एक फूल की पंखुड़ी और आकाशगंगा का स्वरूप — आश्चर्यजनक रूप से मिलते-जुलते हैं।

4. विज्ञान (SCIENCE)

FRACTALS: एक पैटर्न जो स्वयं को विभिन्न स्केल पर दोहराता है।

कैलकुलस से परे यह गणितीय प्रणाली है जो अव्यवस्थित प्रतीत होने वाली चीजों में क्रम दिखाती है।

EXAMPLES: ROMANESCO ब्रोकली, BLOOD VESSELS, CLOUDS, LIGHTNING, GALAXIES

5. दर्शन (PHILOSOPHY)

"AS ABOVE, SO BELOW" — यह दर्शन योग, तंत्र, और अल्केमी में पाया जाता है।

यह बताता है कि व्यक्तिगत आत्मा और ब्रह्मांडीय आत्मा एक ही संरचना के दो आयाम हैं।

जीवन में हर छोटा अनुभव एक बड़े पाठ का प्रतिबिंब हो सकता है।

6. आध्यात्मिकता (SPIRITUALITY)

उपनिषदों में कहा गया — "यथाऽर्ण्ये स्थितं बीजं, तथाऽस्मिन् शरीरे" — जैसे बीज में पूरा वृक्ष छिपा होता है, वैसे ही शरीर में ब्रह्मांड।

फ्रैक्टल रियलिटी यह कहती है कि हमारा चेतन मन, ब्रह्मांड की चेतना का लघु रूप है।

7. मेरा दृष्टिकोण (MY PERSPECTIVE)

जब भी मैं मानव शरीर की रचना, पेड़ की शाखाएं या DNA के घुमाव को देखता हूँ —

मैं महसूस करता हूँ कि ब्रह्मांड कोई बाहरी चीज़ नहीं, बल्कि एक प्रतिबिंब है हमारे ही भीतर के स्वरूप का।

हम सब ब्रह्मांड के MINIATURE VERSIONS हैं।

8. उपयोगिता (USEFULNESS)

- जीवन के जटिल पैटर्न को समझने में सहायक
- प्राकृतिक डिज़ाइन और आर्किटेक्चर में प्रेरणा
- मानसिक, आध्यात्मिक और वैज्ञानिक एकता का बोध
- MEDITATION & VISUALIZATION के लिए गहराई देता है

9. अभ्यास (PRACTICE)

- FRACTAL ART बनाना या देखना
- MIRROR MEDITATION — खुद को देखते हुए ब्रह्मांड से जुड़ने की भावना
- NATURE OBSERVATION — पेड़, बादल, पानी में पैटर्न देखना
- MICRO-MACRO JOURNALING — दिनचर्या में छोटे पैटर्न को बड़े सत्य से जोड़ना

10. चिंतन (REFLECTION)

- क्या मेरी आदतें भी किसी ब्रह्मांडीय पैटर्न का भाग हैं?
- क्या मैं अपने भीतर के ब्रह्मांड को पहचान पा रहा हूँ?
- क्या जीवन की चुनौतियाँ भी किसी सुंदर फ्रैक्टल का हिस्सा हैं?

11. मेरा उद्धरण (MY QUOTE)

"मैं ब्रह्मांड का प्रतिबिंब हूँ — और वह मेरा।
हर धड़कन में एक आकाशगंगा बसती है।"
– डॉ. मुकेश अग्रवाल

12. निष्कर्ष (CONCLUSION)

FRACTAL REALITY यह बताती है कि जीवन केवल संयोग नहीं,
बल्कि एक सुंदर, दोहरावदार, और गूढ़ रचना है —
जिसमें हर कण में पूर्णता है, हर रूप में एकता है।
यह सिद्धांत विज्ञान, दर्शन और अध्यात्म को एक सूत्र में बाँधता है —
और हमें खुद को ब्रह्मांड का जीवंत अंश मानने के लिए प्रेरित करता है।

STRING THEORY

1. परिचय (INTRODUCTION)

STRING THEORY, आधुनिक भौतिकी का एक क्रांतिकारी विचार है जो कहता है कि सभी कण मूलतः कंपन करती हुई ऊर्जा की डोरी (STRING) हैं।

इसका उपयोग हम जीवन, संबंधों और चेतना को समझने के लिए एक रूपक (METAPHOR) के रूप में कर सकते हैं।

2. जन्म (BIRTH)

1970 के दशक में भौतिक शास्त्रियों ने यह सिद्धांत पेश किया।

इसका उद्देश्य था– GENERAL RELATIVITY और QUANTUM MECHANICS को एक करना।

यह मानता है कि कण नहीं, बल्कि कंपन करती सूक्ष्म डोरियाँ ही ब्रह्मांड की आधारभूत इकाई हैं।

3. कहानी (STORY)

कल्पना कीजिए– एक वायलिन की तारें।

उनमें कंपन होता है तो अलग-अलग ध्वनियाँ निकलती हैं।

वैसे ही, ब्रह्मांड की इन अदृश्य तारों के अलग-अलग कंपन ही इलेक्ट्रॉन, प्रोटॉन, प्रकाश या गुरुत्व बनाते हैं।

यही रूपक हमें बताता है कि हर जीवन एक कंपन है, एक विशिष्ट ध्वनि, एक अनूठा राग।

4. विज्ञान (SCIENCE)

STRING THEORY के अनुसार सभी पदार्थ और बल स्ट्रिंग्स के कंपन से उत्पन्न होते हैं।

ये स्ट्रिंग्स 11 आयामों (DIMENSIONS) में कार्य करती हैं।

यह थ्योरी एक UNIFYING THEORY OF EVERYTHING बनना चाहती है।

5. दर्शन (PHILOSOPHY)

यदि सब कुछ कंपन है, तो सब कुछ संबंधित (INTERCONNECTED) है।
यह दर्शन बताता है कि हम अलग नहीं, बल्कि एक गहरे तारतम्य में बंधे हैं।
अद्वैत वेदांत में भी यही भावना है — "सर्व खल्विदं ब्रह्म" — सब कुछ ब्रह्म है।

6. आध्यात्मिकता (SPIRITUALITY)

योग में "नाद" को अनाहत ध्वनि कहा गया — कंपन का स्रोत।
ओंकार (ॐ) को ब्रह्मांड का मूल कंपन माना जाता है।
STRING THEORY को हम इस आध्यात्मिक दृष्टिकोण से जोड़ सकते हैं —
हम सब कंपन हैं, अनहद स्वर हैं, जो परम सत्य से जुड़ते हैं।

7. मेरा दृष्टिकोण (MY PERSPECTIVE)

मुझे लगता है, हर व्यक्ति की ऊर्जा एक अदृश्य तार की तरह होती है —
जो उसकी विचारधारा, भावनाओं, और कर्मों के माध्यम से ब्रह्मांड को स्पंदित करती है।
जब हम सद्भाव, प्रेम और सेवा के सुर में होते हैं, तो ब्रह्मांड का संगीत मधुर हो जाता है।

8. उपयोगिता (USEFULNESS)

- INTERCONNECTEDNESS को महसूस करने में मदद
- EMPATHY और HARMONY को बढ़ावा
- जीवन की अलग-अलग ध्वनियों को स्वीकार करना
- आत्मा और ब्रह्मांड के बीच गहराई से जुड़ाव का अनुभव

9. अभ्यास (PRACTICE)

- ध्यान (MEDITATION) में अपने भीतर के कंपन को सुनना
- SOUND HEALING या TIBETAN BOWLS का उपयोग
- संगीत, कविता, नृत्य के माध्यम से अपनी आंतरिक स्ट्रिंग को अभिव्यक्त करना
- स्वर और मौन के बीच संतुलन खोजना

10. चिंतन (REFLECTION)

- क्या मेरी ऊर्जा ब्रह्मांड के संगीत में सामंजस्यपूर्ण है?
- क्या मैं दूसरों के कंपन को समझ पा रहा हूँ?
- क्या मैं अपनी आत्मा की स्ट्रिंग को सही सुर में रख रहा हूँ?

11. मेरा उद्धरण (MY QUOTE)

"हम कंपन हैं, तरंग हैं, सुर हैं —
और जब हम प्रेम, करुणा व आत्मज्ञान में झंकृत होते हैं,
तो ब्रह्मांड नृत्य करता है हमारी ध्वनि पर।"
– डॉ. मुकेश अग्रवाल

12. निष्कर्ष (CONCLUSION)

STRING THEORY केवल भौतिकी का सिद्धांत नहीं — यह जीवन का राग है।
यह हमें सिखाता है कि हर आत्मा की कंपन मायने रखती है।
जब हम अपने भीतर की ऊर्जा को समझते हैं और ब्रह्मांड के साथ समरस
होते हैं,
तब जीवन एक संगीतात्मक यात्रा बन जाता है — सुरमयी और दिव्य।

परिचय (INTRODUCTION):

एंटैंगलमेंट थ्योरी क्वांटम फिजिक्स का एक रहस्यमय और अद्भुत सिद्धांत है, जो बताता है कि दो कण आपस में इतने गहराई से जुड़ सकते हैं कि चाहे वे ब्रह्मांड में कहीं भी हों, एक में परिवर्तन होते ही दूसरा भी तुरंत बदल जाता है। यह विचार न केवल विज्ञान में, बल्कि मानवीय संबंधों और भावनाओं में भी गहरा प्रतीकात्मक महत्व रखता है।

जन्म (BIRTH):

इस सिद्धांत की उत्पत्ति 1935 में हुई जब आइंस्टीन, पॉडोलस्की और रोसेन ने मिलकर इसे प्रस्तावित किया, जिसे 'EPR पैराडॉक्स' कहा गया। आइंस्टीन ने इसे "SPOOKY ACTION AT A DISTANCE" कहा। बाद में 1980 के दशक में वैज्ञानिक एलेन एस्पेक्ट ने इसके अस्तित्व को प्रयोगों द्वारा सिद्ध किया।

कहानी (STORY):

कल्पना कीजिए कि दो जुड़वाँ भाई हैं जो बचपन में अलग हो जाते हैं। एक भारत में और दूसरा कनाडा में रहता है। एक दिन अचानक दोनों को एक ही समय पर बुखार हो जाता है। कोई संपर्क नहीं, फिर भी जुड़ाव बना रहता है। क्या यह संयोग है या कुछ गहरे स्तर पर उनका संबंध अब भी जीवित है? यही है एंटैंगलमेंट का रहस्य।

विज्ञान (SCIENCE):

जब दो कण एक-दूसरे से संपर्क करते हैं और फिर अलग हो जाते हैं, तो उनका क्वांटम स्टेट एक-दूसरे से जुड़ा रहता है। यदि एक कण में कोई बदलाव किया जाए, तो दूसरा कण तुरंत प्रभावित होता है — भले ही वे लाखों मील दूर हों। यह परंपरागत भौतिकी की 'LOCALITY' की अवधारणा को चुनौती देता है।

दर्शन (PHILOSOPHY):

दर्शन के स्तर पर यह विचार मानव अस्तित्व की परस्पर जुड़ाव की अवधारणा को दर्शाता है — "अहं ब्रह्मास्मि", "वसुधैव कुटुम्बकम्", और बुद्ध का "इंटरबीइंग" जैसे सिद्धांत इसी का प्रतिबिंब हैं। हम सभी एक-दूसरे से अदृश्य तंतु द्वारा जुड़े हुए हैं।

आध्यात्मिकता (SPIRITUALITY):

आध्यात्मिक परंपराएं सदियों से कहती आई हैं कि आत्माएं आपस में जुड़ी हुई होती हैं। ध्यान, प्रार्थना, या गहरी भावनात्मक स्थितियों में लोग अक्सर दूर बैठे व्यक्ति की अनुभूति कर लेते हैं। एंटैंगलमेंट इस आध्यात्मिक अनुभव को एक वैज्ञानिक दृष्टिकोण से जोड़ता है।

मेरा दृष्टिकोण (MY PERSPECTIVE):

मेरे लिए एंटैंगलमेंट केवल एक वैज्ञानिक सिद्धांत नहीं, यह सहानुभूति और भावनात्मक जुड़ाव की शक्ति है। जब कोई अपना व्यक्ति बिना कुछ कहे भी हमें समझ जाता है, तो लगता है जैसे दिलों की डोरें एक-दूसरे से बंधी हैं।

प्रयोगिता (USEFULNESS):

- सहानुभूति और भावनात्मक समझ को बढ़ाता है।
- चिकित्सा, परामर्श और आध्यात्मिक साधना में उपयोगी।
- रिश्तों को गहराई से समझने और निभाने में सहायक।
- यह याद दिलाता है कि हमारे विचार, भावनाएं और ऊर्जा दूसरों को प्रभावित कर सकती हैं।

अभ्यास (PRACTICE):

- प्रतिदिन कुछ समय ध्यान में किसी प्रियजन से जुड़ने का अभ्यास करें।
- भावनात्मक अनुभूतियों का लेखा-जोखा रखें।
- अपने विचारों और ऊर्जा की शुद्धता बनाए रखें।
- गहराई से बातचीत करने का प्रयास करें — बिना शब्दों के भी।

चिंतन (REFLECTION):

क्या कभी आपने किसी के बारे में सोचा और उसी क्षण उसका फोन आ गया? क्या कभी आपको किसी की चिंता बिना कारण हुई और बाद में पता चला कि वो व्यक्ति परेशानी में था? यह केवल संयोग नहीं हो सकता।

मेरा उद्धरण (MY QUOTE):

 "जब दिल जुड़ते हैं, तो न दूरी मायने रखती है, न भाषा — बस एक मौन संवाद चलता रहता है।"

निष्कर्ष (CONCLUSION):

एंटैंगलमेंट थ्योरी यह दर्शाता है कि ब्रह्मांड में हर चीज, हर प्राणी एक दूसरे से गहराई से जुड़ा है। विज्ञान हो या आत्मा, सब एक-दूसरे से संवाद कर रहे हैं — बस हमें उस अदृश्य संगीत को सुनना सीखना है।

1. परिचय (INTRODUCTION):

क्या हम वास्तव में जीवित हैं, या किसी बहुत उच्च तकनीकी बुद्धि द्वारा बनाए गए एक सिमुलेशन (आभासी जगत) में जी रहे हैं? यह प्रश्न विज्ञान, दर्शन, और अध्यात्म की सीमाओं को चुनौती देता है। सिमुलेशन हाइपोथेसिस कहती है — हमारा ब्रह्मांड एक अति-विकसित प्राणी द्वारा चलाया गया कंप्यूटर प्रोग्राम हो सकता है।

2. जन्म (BIRTH):

2003 में ऑक्सफोर्ड यूनिवर्सिटी के दार्शनिक निक बॉस्ट्रम ने यह परिकल्पना प्रस्तुत की। उन्होंने तीन संभावनाएं दीं, जिनमें से एक यह थी कि कोई अति-विकसित सभ्यता अपने पूर्वजों के बारे में सिमुलेशन चला रही हो — और हम उसमें हों।

3. कहानी (STORY):

कल्पना कीजिए कि एक भविष्य की सभ्यता इतनी उन्नत हो गई है कि वह पूर्ण रूप से सचमुच जैसे दिखने वाले आभासी ब्रह्मांड बना सकती है — जैसे हम वीडियो गेम्स खेलते हैं, पर उनमें पात्रों को ये अहसास नहीं होता कि वे असली नहीं हैं। यदि यह संभव है, तो हम कैसे मानें कि हम स्वयं असली हैं?

4. विज्ञान (SCIENCE):

भौतिकी में ऐसे कई संकेत मिलते हैं जो इस विचार को बल देते हैं — जैसे पिक्सेल-जैसी संरचना, क्वांटम अनिश्चितता, और गणितीय नियमों से बंधा हुआ ब्रह्मांड। भौतिकी अब ऐसे सवालों से जूझ रही है कि क्या ब्रह्मांड की गहराई में कोडिंग जैसी कोई संरचना छिपी है।

5. दर्शन (PHILOSOPHY):

यह विचार देकार्त के "I THINK, THEREFORE I AM" को चुनौती देता है। यदि हमारी चेतना भी प्रोग्राम की गई है, तो "मैं" कौन हूँ? यह परिकल्पना हमें माया, ब्रह्म, और मिथ्या जैसे प्राचीन भारतीय दर्शन से जोड़ती है।

6. आध्यात्मिकता (SPIRITUALITY):

उपनिषदों में कहा गया है — "यह जगत माया है।" भगवद गीता में कृष्ण अर्जुन से कहते हैं, "समस्त सृष्टि मुझमें है, पर मैं उनमें नहीं हूँ।" यदि ब्रह्मांड माया है, तो वह 'प्रोग्रामर' कौन है? भगवान, ब्रह्म या एक उच्च चेतना?

7. मेरा दृष्टिकोण (MY PERSPECTIVE):

मुझे यह विचार अत्यंत प्रेरक लगता है। यदि यह जीवन एक सिमुलेशन है, तो इसका अर्थ यह भी है कि हम एक स्क्रिप्ट में नहीं बंधे, बल्कि हम खुद को री-प्रोग्राम कर सकते हैं। यह विचार जिम्मेदारी, आत्म-चेतना, और संभावनाओं के द्वार खोलता है।

8. प्रयोगिता (USEFULNESS):

माया और आध्यात्मिक ज्ञान को समझने में सहायक।

आधुनिक तकनीक और अध्यात्म के बीच सेतु बनाता है।

यह याद दिलाता है कि हमें हर अनुभव को गहराई से देखना चाहिए — सतह से परे।

गंभीरता कम, साक्षी भाव अधिक — एक खिलाड़ी की तरह जीवन जीना सिखाता है।

9. अभ्यास (PRACTICE):

दिन में कुछ मिनट यह सोचें: "अगर यह सिमुलेशन है, तो मैं इसे कैसे बेहतर खेल सकता हूँ?"

अपने विचारों को "कोड" मानकर संशोधित करें — नकारात्मक विचारों को 'डिलीट' करें।

साक्षी भाव में रहें — प्रतिक्रिया नहीं, जागरूक उत्तर दें।

ध्यान करें — प्रोग्राम की परतों को समझने का अभ्यास करें।

10. चिंतन (REFLECTION):

यदि यह दुनिया वाकई एक सिमुलेशन है, तो कौन देख रहा है? और अगर यह सिर्फ विचार है, तो भी यह जीवन जीने का एक गहरा और दिलचस्प तरीका है।

11. मेरा उद्धरण (MY QUOTE):

"यदि जीवन एक सिमुलेशन है, तो तुम उसके खिलाड़ी नहीं — कोडर भी हो सकते हो।"

12. निष्कर्ष (CONCLUSION):

SIMULATION HYPOTHESIS एक वैज्ञानिक परिकल्पना है, पर इसके पीछे छिपा दर्शन जीवन को जागरूकता, जिम्मेदारी और जिज्ञासा से जीने की प्रेरणा देता है। हम सिमुलेशन में हों या नहीं — हर दिन हमें अपनी स्क्रिप्ट को नए अर्थ देने का अधिकार है।

TIME AS ILLUSION

1. परिचय (INTRODUCTION)

समय — जिसे हम घड़ी की सुइयों से, कल से आज और आज से कल तक मापते हैं — क्या यह वास्तव में मौजूद है? या यह सिर्फ मानव मस्तिष्क द्वारा बनाई गई एक व्याख्या है? "TIME IS AN ILLUSION" — यह वाक्य सिर्फ दार्शनिक सोच नहीं, बल्कि वैज्ञानिक और आध्यात्मिक समझ का केंद्र भी है।

2. जन्म (BIRTH)

आल्बर्ट आइंस्टीन ने सापेक्षता सिद्धांत में कहा था — "TIME IS AN ILLUSION." भौतिक विज्ञान के सिद्धांतों में यह पाया गया कि समय एक निरपेक्ष सत्ता नहीं है, बल्कि गति, गुरुत्व और द्रव्य से प्रभावित होता है। वहीं, बुद्ध, शंकराचार्य, और आध्यात्मिक योगियों ने सदियों पूर्व ही समय को माया कहा था।

3. कहानी (STORY)

एक बार एक साधु से किसी ने पूछा — "आप हमेशा शांत और संतुलित कैसे रहते हैं?"

साधु ने मुस्कुराकर कहा, "क्योंकि मैं समय में नहीं जीता, मैं केवल अभी में जीता हूँ।"

उस व्यक्ति ने कहा, "लेकिन अतीत और भविष्य?"

साधु बोले, "अतीत याद है, भविष्य कल्पना है। दोनों मेरे नियंत्रण में नहीं। केवल यह क्षण ही मेरा है।"

4. विज्ञान (SCIENCE)

आइंस्टीन का स्पेस-टाइम सिद्धांत बताता है कि समय स्थिर नहीं है।

क्वांटम भौतिकी के कई प्रयोगों में भविष्य वर्तमान को प्रभावित कर सकता है — यह रैखिक समय को झूठा सिद्ध करता है।

ब्रह्मांड में कोई भी "सेंट्रल क्लॉक" नहीं है — समय एक लोकल अनुभूति है।

5. दर्शन (PHILOSOPHY)

बुद्ध ने कहा: "पिछला क्षण मर चुका है, अगला अभी पैदा नहीं हुआ, केवल वर्तमान जीवित है।"

शंकराचार्य ने "माया" की व्याख्या में समय को भी मिथ्या कहा — जो बदलता है, वह स्थायी नहीं, और जो स्थायी नहीं, वह सत्य नहीं।

पश्चिमी दर्शन में हेगेल, बर्गसन, और नीत्शे ने भी समय की रेखीय व्याख्या पर प्रश्न उठाए।

6. आध्यात्मिकता (SPIRITUALITY)

आध्यात्मिक साधना का मूल उद्देश्य "कालातीत अवस्था" में पहुँचना है — जहाँ न अतीत है न भविष्य, केवल शुद्ध चेतना है। ध्यान, समाधि, और जागरूकता की गहन अवस्था में साधक समय के बंधनों से मुक्त हो जाता है।

7. मेरा दृष्टिकोण (MY PERSPECTIVE)

जब भी मैंने अभी में पूरी तरह डूब कर जिया, तब ही सबसे ज्यादा आनंद, स्पष्टता, और शांति का अनुभव हुआ। समय तब रुक गया सा लगता है। मेरा मानना है — समय को पकड़ने की कोशिश मत करो, उसे प्रवाह की तरह बहने दो।

8. प्रयोगिता (USEFULNESS)

तनाव और चिंता से मुक्ति — क्योंकि वे भविष्य और अतीत में जीने से पैदा होते हैं।

एकाग्रता और सृजनात्मकता में वृद्धि — क्योंकि ध्यान वर्तमान में केंद्रित होता है।

संबंधों में गहराई — क्योंकि जब हम सच में उपस्थित होते हैं, हम सुनते और महसूस करते हैं।

जवाबदेही और शांति — क्योंकि हम समझते हैं कि केवल "अब" ही हमारे पास है।

9. अभ्यास (PRACTICE)

- दिन में 5 बार 1 मिनट के लिए बस साँस पर ध्यान दें और कहें: "मैं यहाँ हूँ, अभी।"
- हर बार जब घड़ी देखें, तो उसे समय बताने वाला यंत्र नहीं, स्मृति दिलाने वाला गुरु मानें।
- किसी भी कार्य में पूर्ण रूप से उपस्थित रहें — खाना खाते समय सिर्फ खाएँ, बात करते समय सिर्फ सुनें।
- "POWER OF NOW" पढ़ें और उसे जीवन में लागू करें।

10. चिंतन (REFLECTION)

क्या आप सच में समय के गुलाम हैं, या केवल उसकी आदत के? क्या आपने कभी "समय नहीं है" कहकर कुछ टाल दिया? शायद समय नहीं, केवल वर्तमान में जीने की कला नहीं थी।

11. मेरा उद्धरण (MY QUOTE)

"समय की गुलामी से मुक्ति चाहिए? तो वर्तमान को अपना राजा बनाओ।"

12. निष्कर्ष (CONCLUSION)

समय एक व्याख्या है — एक उपयोगी भ्रम। लेकिन अगर हम उसे पकड़ने की कोशिश छोड़ दें और हर पल को पूर्णता से जीने लगें, तो हमें वो शक्ति मिलती है जो कालातीत है, शाश्वत है, और परम आनंद से भरी है।

MULTIVERSE THEORY

1. परिचय (INTRODUCTION)

क्या यह अकेला ब्रह्मांड ही सब कुछ है? या और भी ब्रह्मांड हैं — जो समानांतर, अदृश्य और रहस्यमय रूप से हमारे साथ मौजूद हैं? मल्टीवर्स थ्योरी हमें ब्रह्मांड की सीमाओं से परे सोचने को मजबूर करती है। यह केवल विज्ञान नहीं, दर्शन, अध्यात्म और चेतना के क्षेत्र को भी गहराई से छूती है।

2. जन्म (BIRTH)

मल्टीवर्स की अवधारणा पहली बार ह्यूग एवरट (HUGH EVERETT) द्वारा 1957 में पेश की गई थी। क्वांटम यांत्रिकी के "MANY WORLDS INTERPRETATION" ने यह प्रस्तावित किया कि हर निर्णय या घटना के साथ एक नया ब्रह्मांड जन्म लेता है।

3. कहानी (STORY)

कल्पना कीजिए: आपने सुबह चाय नहीं पी और एक दिन व्यतीत किया। लेकिन एक और ब्रह्मांड में — शायद आपने चाय पी, और वह दिन कुछ और रहा।

हर विकल्प, हर मोड़, एक नई ब्रह्मांडीय शाखा बना सकता है।

तो क्या कहीं कोई और "आप" है जो संगीतकार बन चुका है, या साधु?

4. विज्ञान (SCIENCE)

क्वांटम यांत्रिकी में एक ही इलेक्ट्रॉन कई स्थानों पर एक साथ हो सकता है — यह मल्टीवर्स की संभावना को दर्शाता है।

कॉस्मिक इन्फ्लेशन थ्योरी के अनुसार, बिग बैंग की प्रक्रिया अलग-अलग क्षेत्रों में अलग-अलग ब्रह्मांड उत्पन्न कर सकती है।

सुपरस्ट्रिंग थ्योरी और एम-थ्योरी भी मल्टीवर्स के अस्तित्व को सपोर्ट करती हैं।

5. दर्शन (PHILOSOPHY)

प्राचीन भारतीय दर्शन में "अनंत ब्रह्मांडों" की बात की गई है — "कोटि ब्रह्मांड के नायक राम।"

बौद्ध मत में हर क्षण में "अनगिनत संभावनाओं" की बात होती है।

पश्चिमी दर्शन में लाइबनिट्ज़ जैसे विचारकों ने "संभाव्य संसारों" की चर्चा की।

6. आध्यात्मिकता (SPIRITUALITY)

योग वशिष्ठ में श्लोक है: "हर विचार से एक संसार जन्म लेता है।"

ध्यान और समाधि की गहराइयों में कई साधकों ने समानांतर अनुभवों और दुनियाओं की झलक पाई है।

कुछ मानते हैं कि अकाषिक रिकॉर्ड्स में हर संभव ब्रह्मांड की जानकारी संग्रहीत होती है।

7. मेरा दृष्टिकोण (MY PERSPECTIVE)

मुझे लगता है मल्टीवर्स केवल बाह्य नहीं, आंतरिक भी है। हम सब में अनगिनत "संभावित संस्करण" हैं — एक कवि, एक योद्धा, एक योगी, एक वैज्ञानिक। जीवन हमें इन्हीं विकल्पों में से चुनने का अवसर देता है। मल्टीवर्स बाहर नहीं, हमारे चेतना के स्तरों में भी है।

8. प्रयोगिता (USEFULNESS)

- विकल्पों की विशालता की अनुभूति — सीमित सोच से मुक्ति।
- करुणा और सहनशीलता — हर किसी के जीवन में अनंत संभावनाएं हो सकती हैं।
- अहंकार से दूरी — आप अकेले नहीं, आपके जैसे अनेक संभावित "आप" हो सकते हैं।
- जीवन में आशा — अगर एक ब्रह्मांड में असफल हुए तो क्या, कल्पना कीजिए दूसरे में आप सफल हो चुके हैं।

9. अभ्यास (PRACTICE)

ध्यान (MEDITATION): अपने "वैकल्पिक स्व" से जुड़ने का प्रयास करें।

कल्पना की शक्ति (IMAGINATION): खुद से पूछें — अगर मेरा दूसरा रूप होता तो वह क्या करता?

स्वप्न लेखन (DREAM JOURNALING): कभी-कभी हमारे स्वप्न भी दूसरे संभावित संसारों की झलक हो सकते हैं।
सचेत निर्णय लेना: हर निर्णय आपके "स्व-विश्व" को आकार देता है।

10. चिंतन (REFLECTION):

क्या आपने कभी ऐसा अनुभव किया कि "ये सब पहले हो चुका है"? या DÉJÀ VU?
क्या वह आपका किसी अन्य ब्रह्मांडीय संस्करण की स्मृति हो सकती है?

11. मेरा उद्धरण (MY QUOTE):

"ब्रह्मांड एक नहीं, हम स्वयं एक नहीं — संभावनाओं का महासागर ही हमारा सच्चा स्वरूप है।"

12. निष्कर्ष (CONCLUSION):

मल्टीवर्स थ्योरी एक चुनौती है हमारी सीमित सोच को — एक निमंत्रण है विस्तार की ओर, गहराई की ओर।
चाहे वैज्ञानिक रूप से प्रमाणित हो या नहीं, यह विचार हमें और अधिक संभावनाओं को जीने की प्रेरणा देता है।
क्योंकि हर क्षण, हम अपने भीतर ही एक ब्रह्मांड गढ़ते हैं।

1. परिचय (INTRODUCTION)

क्या हमारा अस्तित्व केवल व्यक्तिगत इच्छाओं और कर्मों तक सीमित है, या हम पूरे ब्रह्मांड के लिए भी उत्तरदायी हैं? "COSMIC RESPONSIBILITY" वह विचार है जो हमें स्वयं से ऊपर उठाकर समष्टि, प्रकृति, और सम्पूर्ण चेतना के प्रति जवाबदेह बनाता है।

2. जन्म (BIRTH)

इस विचार की जड़ें अनेक परंपराओं में मिलती हैं–प्राचीन भारतीय दर्शन, आदिवासी संस्कृतियों की धारणाएँ, और आधुनिक वैज्ञानिक-दार्शनिक मिलन बिंदु। ALBERT EINSTEIN ने भी कहा था, "MAN IS A PART OF THE WHOLE, CALLED BY US UNIVERSE."

3. कहानी (STORY)

एक संत एक नदी के तट पर ध्यान कर रहे थे। उन्होंने देखा कि एक लड़का चुपके से नदी में कुछ प्लास्टिक फेंक रहा था। संत ने रोका और कहा, "ये नदी तुम्हारी नहीं, न मेरी, ये ब्रह्मांड की एक कड़ी है — इसका अपमान संपूर्णता का अपमान है।"

लड़का चुप हो गया।

उस दिन उसने केवल नदी को नहीं, अपने 'ब्रह्मांडीय कर्तव्यों' को समझा।

4. विज्ञान (SCIENCE)

BUTTERFLY EFFECT बताता है कि ब्रह्मांड में की गई एक छोटी-सी क्रिया का दूरगामी प्रभाव हो सकता है।

GAIA HYPOTHESIS मानता है कि पृथ्वी एक जीवित इकाई है और हम उसके अंग हैं।

QUANTUM ENTANGLEMENT सिद्ध करता है कि हम सभी जुड़े हुए हैं — एक का प्रभाव दूसरे पर पड़ता है।

5. दर्शन (PHILOSOPHY)

भगवद्गीता में कहा गया: "स्वधर्मे निधनं श्रेयः" — अपने कर्तव्य का पालन ही सर्वोच्च धर्म है।

STOICISM हमें सिखाता है कि हम ब्रह्मांड की योजना में एक छोटा लेकिन महत्वपूर्ण हिस्सा हैं।

कांट ने कहा: "ACT ONLY ACCORDING TO THAT MAXIM WHEREBY YOU CAN AT THE SAME TIME WILL THAT IT SHOULD BECOME A UNIVERSAL LAW."

6. आध्यात्मिकता (SPIRITUALITY)

योग, ध्यान, और उपनिषद हमें ब्रह्मांड से जुड़ी चेतना बताते हैं।

जब हम "सर्वे भवन्तु सुखिनः" का जाप करते हैं, तो वह केवल मानव जाति नहीं, समस्त सृष्टि की मंगल कामना होती है।

ब्रह्मांडीय उत्तरदायित्व का अर्थ है — प्रकृति, पशु, पंछी, पर्यावरण और आत्मा सबके लिए जवाबदेह होना।

7. मेरा दृष्टिकोण (MY PERSPECTIVE)

- मुझे लगता है कि हम सब 'ब्रह्मांड के प्रतिनिधि' हैं।
- हमारा हर विचार, शब्द और कर्म — ब्रह्मांड के संतुलन को छूता है।
- हर बार जब हम प्रेम करते हैं, सहानुभूति दिखाते हैं, या किसी के लिए दुआ करते हैं — हम ब्रह्मांड में रोशनी बढ़ाते हैं।

8. प्रयोगिता (USEFULNESS)

- पर्यावरण संरक्षण में उत्साह।
- सामाजिक न्याय की गहरी समझ।
- स्व-अनुशासन और कर्म की पवित्रता।
- अहंकार का क्षरण — मैं अकेला नहीं, मैं संपूर्णता का एक कण हूँ।

9. अभ्यास (PRACTICE)

प्रति दिन यह प्रश्न पूछें: "क्या मेरा आज का कर्म ब्रह्मांड के लिए सकारात्मक था?"

ध्यान करें: 'मैं ब्रह्मांड से जुड़ा हूँ' — इस भाव के साथ।

कृति से जुड़ें: वृक्ष लगाएं, नदियों की सफाई करें, पशुओं के प्रति करुणा रखें।
हर कर्म को यज्ञ मानें: जैसे गीता में कहा गया है।

10. चिंतन (REFLECTION)
अगर हर इंसान अपने कर्मों को ब्रह्मांडीय जिम्मेदारी के साथ करे — तो क्या युद्ध होंगे? क्या पृथ्वी का तापमान बढ़ेगा?
क्या हम और अधिक शांति से नहीं जी पाएंगे?

11. मेरा उद्धरण (MY QUOTE)
"जब तुम अपनी आत्मा की जिम्मेदारी लेते हो, तुम पूरे ब्रह्मांड की सेवा कर रहे होते हो।"

12. निष्कर्ष (CONCLUSION)
COSMIC RESPONSIBILITY केवल एक विचार नहीं, एक जीवन पथ है — जो हमें आत्मा से समष्टि तक, "मैं" से "हम" तक लेकर जाता है।
इस विचार को अपनाकर हम एक ऐसा भविष्य गढ़ सकते हैं, जहाँ मनुष्य ब्रह्मांड का मित्र, संरक्षक और प्रेमी हो।